Walter Bonatti
Große Tage am Berg

Vorwort von Dino Buzzati
Mit 39 farbigen und 36 Schwarzweiß-Photos

Albert Müller Verlag
Rüschlikon-Zürich · Stuttgart · Wien

Für Reinhold Messner —
junge und letzte Hoffnung
des großen, klassischen Bergsteigens

Bildnachweis: Die Farbphotos stammen von Walter Bonatti (37) und Cosimo Zappelli (3), die Schwarzweißaufnahmen von Walter Bonatti, Mario De Biasi, Giorgio Lotti, Cosimo Zappelli, Le Tellier und «La Tribune de Lausanne».

Aus dem Italienischen übertragen von Giuseppe Ritter. — Titel des italienischen Originals: «I giorni grandi». © Arnoldo Mondadori Editore, 1971. — Deutsche Ausgabe: © Albert Müller Verlag, AG, Rüschlikon-Zürich, 1972. — Nachdruck, auch einzelner Teile, verboten. Alle Nebenrechte vom Verlag vorbehalten, insbesondere die Filmrechte, das Abdrucksrecht für Zeitungen und Zeitschriften, das Recht zur Gestaltung und Verbreitung von gekürzten Ausgaben und Lizenzausgaben, Hörspielen, Funk- und Fernsehsendungen sowie das Recht zur photo- und klangmechanischen Wiedergabe durch jedes bekannte, aber auch durch heute noch unbekannte Verfahren. — ISBN 3 275 00477 8. — 1/4-72.
Printed in Italy by Arnoldo Mondadori Editore - Verona

Inhalt

Abschied

Vor Jahren hatte man mich gebeten, Walter Bonatti, der in Arzignano (Prov. Venedig) einen Vortrag zu halten hatte, vorzustellen. Die Einladung war mir in zweifacher Hinsicht schmeichelhaft: erstens weil ich Bonatti als repräsentativsten Vertreter des Alpinismus schätzte, und dann, weil ich für Bonatti eine gewisse Bewunderung empfinde. Ich sagte erst nein, da ich nicht in der Lage bin, vor Zuhörern zu sprechen, auch nicht vor wenigen. Aber die gemeinsamen Freunde beharrten so hartnäckig darauf, daß ich schließlich nachgab. Alles in allem, so dachte ich mir, geht es doch nur darum, ein paar Minuten zu sprechen, um weiter nichts. Wer Bonatti war, das hatte ich sehr gut im Gedächtnis, obschon ich ihm persönlich nur ein einziges Mal gegenübergestanden hatte.

Ich glaubte, über das Thema genügend klare und präzise Vorstellungen präsent zu haben, und wollte ganz einfach improvisieren, ohne vorher Wort für Wort, schwarz auf weiß, niedergeschrieben zu haben. Tatsache ist, daß ich, als ich am Rednerpult stand, eine beängstigende Leere im Kopf hatte. Nicht ein einziger klarer Gedanke! Ich begann zu stottern, und unter unsäglicher Anstrengung brachte ich dann drei oder vier Sätze zusammen, die eine allgemeine Verlegenheit im Saal hervorriefen — bei mir, beim Publikum und schließlich bei Bonatti, der natürlich etwas weit weniger Peinliches erwartet hatte.

Alsdann — und das verschlimmerte meine Lage — übernahm Bonatti das Wort. Ich kann mir gut vorstellen, daß die Zuhörer Mühe hatten, ein Lächeln zu verbergen, als sie zusehen mußten, wie ein gewandter, kontaktfreudiger und sicherer Redner von einem «Schriftsteller» auf so unglückliche Weise vorgestellt wurde.

Die gleiche psychologische Situation stellt sich nun, im Moment, da ich eine Einführung — oder ein Vorwort, wenn man lieber will — zu Bonattis neuem Buch schreiben soll. Sicher, beim Schreiben bin ich weniger befangen als beim Reden in der Öffentlichkeit. Aber Walter Bonatti hat es weder als Mann der Berge noch als Schriftsteller nötig, empfohlen und protegiert zu werden.

Immerhin, als alter Bergsteiger (der untersten Rangstufe!) und als alter Journalist möchte ich in diesem Buch jene Dinge unterstreichen, die mir am schönsten und wichtigsten erscheinen: Vor allem hat mich Bonattis vorbildlicher Stil in seinen Schilderungen und der Ausschluß jeder Rethorik (eine seltene Tugend in der Bergliteratur) beeindruckt. Wie man sich erinnert, hatte die «Große Tragödie» auf dem Zentralpfeiler des Montblanc eine abstoßende Zeitungspolemik zur Folge gehabt, die nicht böswilliger hätte aufgezogen werden können. Mit großer Offenheit, und indem er die Tatsachen zusammenfaßt, stellt Bonatti den wahren Sachverhalt dar.

Und dann die bildhafte Anschaulichkeit, mit der die nach und nach angegangenen Wände beschrieben werden! — man meint, die fernen Gebirge mit eigenen Augen zu sehen! Es ist ein sehr schwieriges erzählerisches Unterfangen und läßt sich mit dem Bemühen vergleichen, das Wesen einer abstrakten Skulptur in allgemeinverständliche Worte zu kleiden. Um mehr oder weniger abstrakte Skulpturen handelt es sich hier ja, auch wenn diese ein paar tausend Meter hoch sind.

Ein anderes Verdienst ist Bonattis Aufrichtigkeit, die manchmal fast brutal wirkt und dort, wo es sich um historische Begehungen handelt, einen gewissen Stolz nicht ausschließt («vielleicht glänze ich nicht durch Bescheidenheit, aber die Sache verlangt Klarheit»). Sein Treuebekenntnis zu den moralischen und geistigen Werten des Bergsteigens scheint mir ebenfalls beispielhaft. Die Diskussion um dieses Thema ist immer heikel und schwierig gewesen und wird wohl nie enden.

Mit der ihm eigenen Klugheit, ohne jemandem etwas persönlich übel zu nehmen, rechnet er mit der alten Meinung ab, nach welcher bergsteigerische Wagnisse ein völlig nutzloses Tun wären. Es scheint kaum möglich, aber diese Meinung grassiert sogleich und immer wieder in der Öffentlichkeit, wenn tragische Begehungen in der Presse ausgeschlachtet werden.

Aber ich möchte vor allem darauf hinweisen, daß in diesem Buch — mehr als in allen vorangegangenen Werken — Bonattis edle Melancholie zum Ausdruck kommt. Es ist eine Art Abschiedsstimmung, die man aus vielen Zeilen herausliest und der Bonatti ein mutiges Kapitel widmet. Die Entscheidung ist ihm nicht von der Last der Jahre aufgezwungen — Bonatti ist ein Mann in bester Verfassung, mit unglaublichen physischen Kraftreserven und einem starken Charakter —, sondern sie ist ein weise überdachter Verzicht. «Bonatti hat nun aufgehört, der Bergsteiger Bonatti zu sein.» Sein Abschied von den furchterregenden Bergriesen erfolgt im vernünftigsten Augenblick, gerade in dem Moment, da sein Stern den höchsten Punkt seiner Laufbahn erreicht hat; es ist fast unwahrscheinlich, daß er noch höher steigen könnte. Bonatti geht jetzt, da sein Mythos, seine Legende (der Ausdruck ist nicht übertrieben) im hellsten Licht erstrahlen, ohne daß nur der geringste Schatten einer Demütigung darübergefallen wäre. Es muß für ihn ein schwerer und bitterer Entschluß gewesen sein. Mit der Vornehmheit eines «Signore» bringt er es fertig, seine Trauer über den Abschied zu verbergen. Bonatti lächelt; er scheint ganz zufrieden und läßt uns glauben, daß er ohne Bedauern scheide. Gewiß, Bonatti entfernt sich keineswegs von seiner geliebten Natur. Er hat damit begonnen, unsere Erde in ihren entlegensten Gegenden kennenzulernen, um uns mit Feder und Photoapparat (den er mit größtem Geschick handhabt) von den Wundern zu erzählen. Im vorliegenden Buch schenkt er uns faszinierende Berichte aus diesem neuen Wirkungskreis. Erinnerungen, mannhafte Ergriffenheit, tränenreiche Erregung, all das spricht aus diesen Zeilen.

Viel Glück, großer Bonatti!

Vom Verdeck des Schiffes, das dich weiß Gott wohin, einem neuen berauschenden Abenteuer entgegen trägt, welches vielleicht ebenso gefährlich ist wie ein Eisschlag in der Matterhorn-Nordwand, schaust du uns mit seltsam leuchtenden Augen an. Unvermittelt vereint uns ein gemeinsamer Gedanke, den ich lieber nicht aussprechen möchte. Hattest du uns nicht eben noch versichert, glücklich zu sein?

Dino Buzzati

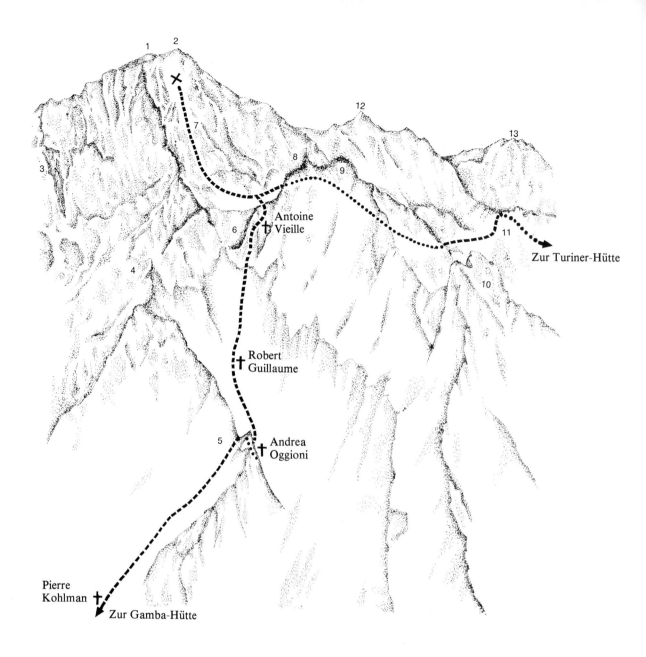

Antoine
Vieille

Robert
Guillaume

Andrea
Oggioni

Pierre
Kohlman
Zur Gamba-Hütte

Zur Turiner-Hütte

1 Montblanc	6 Gruber-Felsen	10 Aiguille Noire de Peuterey
2 Montblanc de Courmayeur	7 Frêney-Pfeiler	11 Col de la Fourche
3 Pilier Rouge des Brouillard	8 Col de Peuterey	12 Mont Maudit
4 Innominata	9 Aiguille Blanche de Peuterey	13 Montblanc du Tacul
5 Innominata-Paß		

------ Einzusehende Routenteile

...... Nicht einzusehende Routenteile

Die große Tragödie

Aus dem leisen Gemurmel des Grüppchens in meiner Nähe erkenne ich die Stimme von Doktor Bassi: «Unglaublich, daß er mit dieser Azotämie* überhaupt noch lebt.» Diese Bemerkung läßt mich gleichgültig. Ich kümmere mich nicht um den Zustand meiner Hände, die von Fels und Kälte übel zugerichtet wurden, und auch nicht um meine Augen, die sich im heftigen Sturm entzündet hatten und jetzt geschwollen sind. In meinem einen Arm steckt eine Kanüle, durch die langsam eine Flüssigkeit in meine Vene fließt. Noch ist mein Zustand alles andere als erfreulich, aber ich fühle mich wie neugeboren, wenn ich an die vergangenen Stunden denke. Ich hatte kaum mehr auf das warme und trockene Bett zu hoffen gewagt, in welchem ich jetzt in diesem halbdunklen Raum liege. Ich bin bewegungsunfähig, aber spüre dennoch, wie die wohltuende Wärme meine Knochen belebt, die mir zuvor auseinandergefallen schienen.

Die Stunden vergehen. Die Infusion hat zu träufeln aufgehört. Ringsum herrscht Stille, aber ich selbst finde keine Ruhe. Pausenlose Alpträume zeigen mir in turbulenten Bildern Schneestürme, Abgründe, Blitze, Verzweiflung und Tod. Langsam setze ich das schmerzliche Mosaik wieder zusammen.

Andrea Oggioni, Roberto Gallieni und ich einerseits, die Franzosen Pierre Mazeaud, Pierre Kohlman, Robert Guillaume und Antoine Vieille anderseits, beschließen — reiner Zufall — am Montag, den 10. Juli 1961 den gleichen, noch unerstiegenen Zentralpfeiler des Montblanc anzugehen.

Es ist eine Aufgabe von hohem bergsteigerischem Interesse. Die eindrückliche Schönheit des roten Pfeilers, seine streng isolierte Lage, die einen langen, ermüdenden Anmarsch verlangt, und die großen technischen Anforderungen, welche die Besteigung stellt, bieten Anreiz genug.

Überraschung herrscht auf beiden Seiten, und wir sind während des Anmarsches nicht wenig aus der Fassung gebracht. Recht bald entschließen wir uns, eine einzige Gruppe zu bilden und tun dies mit jenem offenherzigen Kameradschaftsgeist, der weder

---

* Stickstoffüberschuß im Blut.

Grenzen noch Diskriminierung kennt. Wir Italiener haben den Ruf, den Montblanc sehr gut zu kennen, und unsere Kameraden gelten zur Zeit als die besten Alpinisten Frankreichs. Das Wetter ist gut, und der Luftdruck bleibt hoch.

Nach nur anderthalb Tagen Anmarsch — unsere drei Seilschaften haben sich abwechselnd in der Führung abgelöst — sind wir von Courmayeur her bis auf achtzig Meter an unsere Aufgabe herangekommen. Und hier, am Mittag des 11. Juli, begann das Vorspiel zur Tragödie am Montblanc, die selbst die Vorstellung der erfahrensten Alpinisten übersteigt.

Während wir zügig hochkommen, um den unteren Rand des Gipfelaufbaus zu erreichen, bemerken wir, daß sich über uns treibender Nebel bildet, aber da der Erfolg nunmehr nahe ist, sind wir nicht besonders beunruhigt. «Wir werden auf dem Gipfel sein, bevor ein Sturm losbrechen kann», sagen wir uns. Doch bereits eine Stunde später entlädt sich das Gewitter mit voller Wucht. Wir sind gerade dabei, nach vierzig Metern Überhang ein letztes Hindernis zu überwinden. Sofort seilen wir uns ab, lassen aber Haken, Karabiner und Steigleitern in der Wand.

Der Schneesturm tobt mit großer Heftigkeit, während wir uns auf den wenigen Bändern zusammenfinden, welche in der Gipfelpartie, der sogenannten *Chandelle* existieren. Die *Chandelle,* ein charakteristischer, fünfzehn Meter hoher Felszacken, führt als Piedestal zur überhängenden Wand der letzten Spitze.

Blitz und Donner folgen sich ununterbrochen, und die Luft ist mit Elektrizität gesättigt. Der Wind bläst uns stechenden Schnee ins Gesicht. Zudem sind wir in 4500 Meter Höhe und gerade auf jenem Pfeiler, der als «Blitzableiter» des Montblanc bezeichnet wird.

Wir drei Italiener richten uns auf einer schmalen Leiste ein; die Franzosen sind dabei, sich in zwei Gruppen aufzuteilen, als Kohlman unerwartet von einem Blitz gestreift wird. Er sackt zusammen, doch Mazeaud erreicht ihn mit einem Sprung noch rechtzeitig und kann ihn festhalten. Kohlman bleibt für einige Minuten gelähmt. Wir suchen nach Coramin, und Mazeaud gibt es ihm ein. Schließlich erholt sich unser

Gefährte, und wir können die Einrichtung des Biwaks beenden. Zu diesem Zeitpunkt, während der Sturm unvermindert weiter wütet, ist unsere Lage die folgende: auf einem kleinen Vorsprung sitzen wir, Oggioni, Gallieni und ich. Auf einem andern Band, uns zur Seite, haben sich Vieille, Guillaume und Mazeaud niedergelassen. Auf einem dritten, etwas breiteren und tiefer gelegenen Absatz biwakiert Kohlman allein, damit er sich besser ausstrecken kann. Wir wissen es nicht mit Sicherheit, aber wahrscheinlich begann hier sein psychologisches Drama.

Es verbleiben uns achtzig Meter Kletterei über den unbekannten Monolithen, bevor wir die leicht zu begehenden Schneegrate erreichen, die zum Gipfel des Montblanc führen. Wenn wir diese achtzig Meter schaffen, dann erwartet uns — neben dem Gefühl, den Pfeiler besiegt zu haben — die Vallot-Hütte, das sichere Refugium, von welchem aus der Abstieg nach Chamonix einfach sein würde. Eine halbtägige Wetterbesserung hätte uns genügt, um das Abenteuer glücklich zu beenden; aber wir sollten den Gipfel nie erreichen.

Es beginnt zu dämmern. Das Gewitter nimmt an Heftigkeit noch zu. Wir drei stecken unter der Zelthülle, die wir wie einen Sack benützen, und können den Verlauf des Sturmes nur an der Wucht der Donnerschläge verfolgen. Blitze blenden uns selbst durch den dichten Zeltstoff hindurch. Entfernt sich das Krachen ein wenig, atmen wir erleichtert auf, ist es jedoch direkt über uns, befällt uns neuerlich die Angst. Da sind wir nun, lauter kräftige Männer, aber gegen die entfesselten Elemente vermögen wir nicht anzukommen. An den gleichen Haken wie wir selbst ist unser Klettermaterial gesichert: Steigeisen, Haken, Eispickel. Man hätte keine bessern Blitzfänger ausdenken können. Am liebsten möchten wir das Zeug wegwerfen, aber wie kämen wir je hinauf und dann hinunter ohne diese Hilfsmittel? Keiner redet; jeder ist auf sich selbst konzentriert.

Immer wieder halten wir uns vor Augen, wie sehr unser Schicksal doch dem Zufall ausgeliefert ist. In diesem Augenblick spüren wir einen Schlag gegen unsere Beine. Erschrocken schreien wir auf — wir sind von einem Blitzstrahl gestreift worden. Wir leben, doch weiß es jeder, daß der Blitz uns von einem Augenblick zum andern zu Asche versengen kann. Wir rufen uns gegenseitig an, um uns zu vergewissern, daß wir alle heil sind. Es folgt eine schreckliche Stille; sie ist nur das Vorzeichen einer neuerlichen elektrischen Entladung direkt über uns. In der Tat erleiden wir nach wenigen Minuten wieder einen Schlag, der diesmal viel heftiger ist und uns beinahe aus der Wand katapultiert. Durch das erregte Schreien dringt eine vollkommen klare Stimme: «Wir müssen fliehen!» Ich weiß nicht, ob dieser Ruf von Oggioni oder Gallieni gekommen ist. Diese Worte — in Verzweiflung ausgestoßen — widerspiegeln die Seelenverfassung aller. Ich habe das Gefühl, daß wir verloren sind, und ich glaube, die andern empfinden dasselbe. Mein Leben zieht an mir vorüber — Dinge, die mir lieb sind und denen ich nie mehr begegnen werde; Gedanken, die nur einen Augenblick währen, die aber scharf sind und unglaublich lang zu dauern scheinen.

Das Gewitter scheint sich wunderbarerweise zu verziehen. Man hört jetzt nur noch das leise Aufprallen der Schneegraupeln auf der gummierten Leinwand, die uns bedeckt. Wir verhalten uns abwartend und schauen nicht einmal hinaus, wo es inzwischen bereits dunkel geworden ist. Niemand spricht, niemand ißt; es ist uns gleichgültig, was geschieht. Der fallende Schnee, obschon eine ernstzunehmende Sache, verschafft uns fast Erleichterung; wir sind der Blitzgefahr entronnen und leben. Nie bin ich in einem solchen Unwetter in einer Wand gewesen — da können weder Technik noch Geschicklichkeit etwas ausrichten.

Die prekäre Stellung und das lange Verharren unter dem Zelttuch bringen uns in Atemnot. Wir reißen den Stoff ein Stück weit auf und atmen gierig die frische Luft ein. Das kleine Zelt ist unter Schnee begraben. Der warme Atem verursacht eine starke Feuchtigkeit im Zeltinnern, die sich je nach Temperatur in Wassertropfen oder in Eiskristalle verwandelt. Ich schaue nicht auf die Uhr, um gar nicht feststellen zu

Der Montblanc (4810 m) und die Aiguille Noire de Peuterey (3773 m) vom Mont de la Saxe aus. ▷

müssen, wie langsam die Zeit vergeht. Wir sprechen nicht miteinander, nur ab und zu stöhnt einer, weil ihm die mißliche Lage, die Kälte oder der Luftmangel zu schaffen macht. Von den Franzosen wissen wir nichts. Aber hin und wieder dringen auch von ihrem Biwak Klagelaute zu uns herüber. Bald ist die Nacht vorbei. Eine erste milchige Helle kündet das Morgengrauen des Mittwochs an. Erst jetzt kriechen wir aus der Zelthülle und sind von der Menge des gefallenen Schnees betroffen; die Franzosen neben uns sind fast ganz darunter begraben. Kohlman, auf seiner kleinen Terrasse weiter unten, hat sich bereits erhoben und zeichnet sich als dunkle Erscheinung vor dem leuchtend roten Morgenhimmel ab, der einen strahlenden Tag verspricht. Eine Welle des Glücks durchflutet uns. Die gewaltige Schneemasse und die nun eingetretene empfindliche Kälte sind Vorboten eines guten Wetters. In Kürze sind wir alle auf den Beinen, sind bereit, das letzte Stück der Kletterei anzutreten. Ich schieße einige Photos — die tragischerweise die letzten sein werden —, dann rollen wir die Zelte ein. Noch während wir einpacken, überfällt uns — ich habe nicht gesehen, woher so unvermutet Wolken kamen — abermals ein Sturm. Der Wind fährt wütend in den Neuschnee, und wir können nicht recht unterscheiden, ob es wieder schneit, oder ob der Sturm den gefallenen Schnee aufpeitscht.

Wir kriechen wieder unter unsere Hülle, und auch die Franzosen ziehen sich wieder in ihre Biwaksäcke zurück. Wir Italiener nehmen Kohlmans Platz ein. Er erlaubt uns — Oggioni, Gallieni und mir — etwas weniger unbequem zu kauern. Kohlman steigt die drei, vier Meter zu seinen Kameraden auf und besetzt die schmale Leiste, auf der wir die Nacht verbracht hatten. Er nimmt sein Biwakzeug mit — den Daunenschlafsack und ein Stück wasserdichten Stoff — und wickelt sich wie eine Mumie ein. Er befestigt sich an einem Sicherungshaken und stellt sich, wie wir uns auch, aufs Warten ein.

Kurz vorher hatte ich während der Aufhellung entdeckt, daß der Schnee bis in tiefere Lagen, bis auf die Alpweiden gefallen war. Wir können es kaum glauben, daß nach diesem reichlichen Schneefall das Unwetter neu losbrechen wird. Die Franzosen fragen, was ich zu tun gedenke. Ich schlage vor, zu warten, und hege immer noch die

16

Hoffnung, doch auf den Gipfel zu gelangen, um von dort den kürzesten Weg zu unserer Rettung zu wählen. An Lebensmitteln und Kletterzeug fehlt es nicht, wir können uns daher Zeit lassen. In dieser Jahreszeit dauert ein Unwetter nie lange, und der Gedanke, vom Pfeiler auf den Frêney-Gletscher abzuseilen, erschreckt uns. Dieser logisch erscheinende Rückzug würde beim herrschenden Schneesturm mindestens ein paar Tage in Anspruch nehmen, hingegen ein halber Tag würde genügen, von unserem Biwakplatz aus nach oben auszusteigen.

Mazeaud, der Wortführer seiner Kameraden, schlägt vor, daß wir beide aufbrechen sollten, sobald eine Aufhellung dies erlauben würde. Es wäre dann unsere Aufgabe, die gefürchteten achtzig Meter Überhang mit Haken und Seilen auszustatten, um den Gefährten das rasche Nachsteigen vorzubereiten. Wir verabreden uns in diesem Sinne, aber die erhoffte Aufhellung wird nicht kommen. Wir essen ein wenig Schinken, Fleisch und Marmelade, trinken aber nichts, denn in diesem Sturm ist das Anzünden des Spirituskochers für die Zubereitung von Schmelzwasser unmöglich. Es schneit weiter, Stunde um Stunde. In unzähligen Gedanken, die mir durch den Kopf schießen, suche ich die genaue Erinnerung an ähnliche Situationen, an erlebte Unwetter, die mich am Berg festgehalten haben.

Nach meiner Erfahrung hält in dieser Jahreszeit ein Schneesturm nie länger als ein bis zwei Tage an. Daher sage ich mir immer wieder: Ein Tag ist schon vorbei, und der Sturm kann nicht länger als weitere vierundzwanzig Stunden dauern. Irgendwie müssen wir diesen Tag noch durchbringen, um dann endlich weiterzukommen.

Das Sitzen in dieser unbequemen Lage wird immer unerträglicher. Wir sind zu dritt auf einem Raum zusammengepfercht, der für eine Person richtig gewesen wäre. Wir können den Kopf nicht heben und können uns nicht auf die Seite drehen. Das Verharren in ständig gebeugter Haltung zerreißt uns fast die Wirbelsäule. Unter solchen Umständen braucht es nicht viel, daß einem die Nerven durchgehen. Es gibt Augenblicke, in denen wir die Hülle, die uns gefangen hält, zerreißen möchten. Aber wehe, wenn wir es wirklich täten! Oggioni, Gallieni und ich sprechen über alles mögliche – Pläne, Hoffnungen, Erinnerungen, Freundschaften, über Schönes und Unerfreuliches –, nur um die Zeit zu vertreiben und uns etwas zu zerstreuen.

«Erinnerst du dich, Walter – vor einem Monat in Peru sagte ich dir: ‹Ich sehe den Tag kommen, wo wir auf diesem Pfeiler sitzen›», sagte Oggioni. Welche Ironie – damals dachten wir, in unseren eigenen Bergen sei alles viel unproblematischer. Und dabei befinden wir uns jetzt in der gleichen Lage wie dort auf dem Nevado Rondoy, den wir in einem Schneesturm innerhalb zweier Tage und Nächte und ohne jede Unterkunft bewältigen mußten.

Gallieni verwaltet unsere Vitamintabletten und teilt nun solche vom Typ A und C an alle aus. Mittels eines aus Seilen improvisierten Schwebebähnchens schickt er auch den Franzosen einige Tabletten. Er legt noch Lebensmittel dazu, denn die vier sind etwas knapp dran.

Die Notwendigkeit, Wasser zu lösen, wird immer dringlicher. Aber es ist unmöglich, dazu aus dem Zelt zu kriechen. Wir schlagen Gallieni vor, seinen ungefütterten Plastikhelm zu opfern, und wir benützen ihn einer nach dem andern. Es ist eine mühselige Sache; wir müssen uns gegenseitig abstützen und festhalten, um nicht abzustürzen. Die Verrichtung nimmt eine halbe Stunde in Anspruch, denn die Kleider behindern uns, und unsere Beine baumeln während dieser ganzen Zeit über dem Abgrund.

Mittwochabend. Es schneit ununterbrochen und auch stärker. Aus der Mitte der Umhüllung, von wo ich nichts sehen kann, frage ich Gallieni, der außen sitzt: «Aus welcher Richtung weht der Wind?» – «Immer von Westen!» antwortet er. Das heißt, der Sturm wird weiterdauern. Mazeaud ruft noch übermütig: «Sobald es schön wird, gehen wir, ich und du. Wenn du glaubst, daß es besser ist, nach links auszusteigen, versuchen wir es selbstverständlich auf jener Seite.» Oggioni versteht kein Französisch und fragt mich, was Mazeaud gesagt hat. Ich erkläre ihm unsern Plan, und auch er ist einverstanden. Der Gedanke, endlich von hier wegzukommen, heitert ihn sichtlich auf. Mazeaud meldet sich wieder: «Willst du den Versuch auch wagen, nach oben auszusteigen, wenn sich das Wetter nicht völlig beruhigt?» Er weiß, daß ich in der Lage bin, bei jeder Witterung vom Gipfel des Montblanc abzusteigen, denn ich habe es unter andern Umständen bereits bewiesen. Ich antworte mit ja, aber wir müßten trotzdem noch eine Nacht hier verbringen. In meinem Innern bin ich überzeugt, daß sich der Schneesturm morgen legen wird.

Unter unserer Zelthülle verwandelt sich der Atem in Wasserdampf. Wir sind völlig durchnäßt. Besorgt denke ich an die meist intensive Kälte, die dem schönen Wetter vorangeht; ich hoffe, sie macht mir nicht allzuviel aus. Wir werden uns noch einige Stunden von der Sonne wärmen und trocknen lassen, bevor wir den letzten Überhang in Angriff nehmen.

Fast überraschend fällt die Nacht herein. Wir sind nervös und können nicht schlafen. Gallieni beginnt von seinen Kindern zu erzählen. Ich bin in Gedanken dreitausend Meter tiefer unten, bei meinen Lieben im trauten Heim. Oggioni plaudert über Portofino, das er nicht einmal kennt. Dann meint er: «Es gibt so viele schöne Dinge in der Welt, aber wir wählen ausgerechnet etwas, das uns in eine solche Situation treibt...!» Gallieni sagt: «Und wenn ich daran denke, daß ich am freundlichen, warmen Strand von Milano Marittima ein nettes Häuschen habe! Man muß sich nicht einmal die Mühe machen, zu schwimmen, im niedern Wasser kann man kilometerweit spazieren...» Oggioni verbirgt seine Sorge hinter spaßigen Aussprüchen. Er scheint am ruhigsten, aber ich bin sicher, daß er außer mir der einzige ist, der sich über unsere hoffnungslose Lage Rechenschaft ablegt.

Auch die Nacht vom Mittwoch auf den Donnerstag geht vorbei. Im Verlauf des Vormittags kommt Mazeaud in unsere Hülle. Die Plastikfolie, mit der er seinen Biwaksack geschützt hatte, war durch die Wucht des Sturms zerfetzt worden. Unter tausend Verrenkungen gelingt es, uns einzurichten. Wir versuchen, uns gegenseitig Mut zu machen: «Morgen, Freitag, wird es sicher schön werden!» Aber wir sind davon nicht mehr allzu überzeugt.

Ich überlege mir, welches die sicherste Methode wäre, dem Pfeiler entlang nach unten zu kommen. Für mich ist der Aufstieg zum Gipfel undurchführbar geworden, aber ich sage dies meinen Kameraden noch nicht, um sie nicht zu entmutigen.

Mazeaud erzählt mir von seiner Besteigung *meines* Pfeilers am Dru, die er in der vergangenen Woche unternommen hatte. Wir verabreden, uns eines Tages in Chamonix oder Courmayeur zu treffen, um unsere Erfahrungen auszutauschen und Erinnerungen aufzufrischen. Wir haben schrecklichen Durst und versuchen ihn zu löschen, indem wir Schnee essen; wir kneten Kügelchen, die wir langsam im Mund zergehen lassen. Dabei muß ich stets an die wunderbare Erfindung des Wasserhahnes denken; man dreht ihn auf und hat Wasser, soviel man will! Es ist paradox, daß man inmitten einer solchen Schneemenge vor Durst nahezu umkommt. Die eiskalten Kügelchen brennen auf den Lippen und machen sie wund.

So vergeht der Donnerstag, und es folgt eine lange dunkle Nacht. Oggioni und ich sind unter der Hülle am meisten eingepfercht und leiden an Luftmangel. Oggioni allein vertraue ich nun meinen Entschluß an, morgen um jeden Preis abzusteigen. Er stimmt mir zu, ist aber ein wenig ängstlich. Die Nacht vom Donnerstag geht vorbei. Ich hatte den Wecker meiner Armbanduhr auf drei Uhr dreißig gestellt. Er weckt mich pünktlich, und ich rufe sogleich meinen Kameraden zu: «Wir müssen sofort absteigen. Wenn wir noch lange zuwarten, reichen unsere Kräfte vielleicht nicht mehr aus.»

Langsam wird es Tag. Es ist Freitag, und der Sturm wütet nun ununterbrochen seit sechzig Stunden. Man kann nichts sehen. Nebel und Schnee vermischen sich und bilden eine graue, undurchdringliche Mauer. Einen Teil des Materials lassen wir liegen. Ich habe keinen Pickel, denn einer der Gefährten hat ihn versehentlich schon am ersten Tag in den Abgrund fallen lassen. Jeder erhält seine Aufgabe für den schwierigen Abstieg genau zugewiesen: ich würde vorausgehen, die Haken einsetzen und das Doppelseil einrichten. Hinter mir sollten die Kameraden folgen: Mazeaud hatte die Aufgabe, jedem zu helfen, der es nötig hätte. Anschließend würden alle andern abgeseilt, während Oggioni, der mit dem Seil am geschicktesten umzugehen wußte, am Schluß kommen würde und die Seile mitnehmen sollte. Genau um sechs

Uhr beginne ich mit dem Abstieg in die neblige Leere, blindlings, ohne auch nur zu ahnen, wo ich ankommen werde. Man hat das Gefühl, in ein sturmgepeitschtes Meer einzutauchen. Das wirbelnde Schneegestöber macht mich schwindlig. Der schwere Rucksack und das Gewicht der Haken, die ich am Gürtel trage, ziehen mich unglücklicherweise stark in die Tiefe und behindern meine Bewegungsfreiheit. Um mich zu orientieren, muß ich jede Kleinigkeit beachten und versuchen, die Falten in der Wand wiederzuerkennen. Meine Augen sind dem scharfen Wind und der stechenden Helle des Schnees ausgesetzt und beginnen mich zu schmerzen. Das Manöver dauert lange, aber noch länger erscheint mir das Warten auf die Seile, die mir meine Kameraden für das Einrichten der folgenden Abseillänge heruntergeben müssen. Hin und wieder ergibt es sich, daß wir zusammentreffen und dann zu viert oder zu fünft an einem einzigen Haken hängen. Ich muß meine Verrichtungen mit ungeschützten Händen tun. Ich bin auf einem kleinen Absatz gelandet, kann mich jedoch nicht sichern. Ich beuge mich über den Abgrund und schlage dort einen Haken ein, wo es noch möglich ist, ohne daß ich dabei das Gleichgewicht verliere. Plötzlich sehe ich einen Schatten, der rasch dem Seil entlang zu mir heruntergleitet. Es ist Kohlman, der infolge der Kälte seinen Griff um das Seil gelockert hatte und nun mit vollem Gewicht auf meinen Rücken fällt und mich ins Leere schleudert. Glücklicherweise hält der erst halb eingeschlagene Haken und fängt mich auf.

Aber es gibt noch andere aufregende Momente. In etwa halber Höhe des Pfeilers kann ich am Ende der Abseilstrecke keinen Standplatz finden. Der Schnee hat sich selbst unter den Überhängen festgesetzt. Das Heulen des Sturmes ist so laut, daß ich nur mit größter Mühe nach oben zu verstehen geben kann, daß ich ein zusätzliches Seil anzuknüpfen habe. Dieses wird mir, mit Ballast versehen, heruntergelassen. Nachdem ich es in akrobatischen Verrenkungen angeknüpft habe, gleite ich weiter in die Leere hinab — wie eine Spinne an einem langen Faden.

Die Sprechverbindung mit den Gefährten ist nun nicht mehr möglich. Ich hänge in der Luft, denn auch am Ende des Zusatzseiles vermag ich keinen Standplatz zu entdecken.

Ich bin ziemlich verstört. Ist es, weil ich nicht weiß, wo ich meinen Abstieg beenden kann, oder ist es, weil der Überhang jeden Kontakt mit meinen Gefährten, die auf meine Signale warten, verhindert? Nach einigen gewagten Pendelbewegungen gelingt es mir, auf einer Felszacke Fuß zu fassen. Ich schreie in den Sturm hinaus, um meinen Kameraden zu melden, daß sie den Abstieg beginnen können. Nach einiger Zeit wird das Seil hochgezogen, und ich nehme an, daß sich jemand zum Abseilen bereit macht. Aber schnell entschwindet das Seil ganz meinen Blicken. Da bin ich nun auf einer Felszacke, inmitten des Zentralpfeilers, ohne Hilfsmittel für den weitern Abstieg und mit dem unguten Gefühl, meine Gefährten hätten mich nicht verstanden und versuchten nun einen andern Abstieg, auf welchem sie nicht an mir vorbeikommen würden. Ich brülle nochmals aus Leibeskräften, um meinen Standort anzugeben. Lange, angstvolle Minuten vergehen. Endlich taucht ein dunkler Schatten über mir auf: es ist Mazeaud, der instinktiv geahnt hatte, wo ich mich befinden könnte.

Diese völlig abnormalen Abseilmanöver erlauben nicht, alle zusammengeknoteten Seile zu bergen. Viele davon, unlösbar in der Wand verklemmt, müssen dort belassen werden. Unsere Seilreserve wird dadurch immer kleiner. Unsere Abseilmanöver, jedes durch eine qualvolle Episode gekennzeichnet, gehen im gleichen langsamen Tempo weiter, aber wir kommen doch dem Fuß des Pfeilers immer näher. Wir schlottern ständig vor Kälte. Unsere Kleider sind bis auf die Haut durchnäßt und außen steif gefroren wie Panzer aus Eis. Das dumpfe Rollen einer Lawine läßt mich ahnen, daß wir am Fuße des Pfeilers angelangt sind. Es ist bereits später Nachmittag. Diese Nacht werden wir auf dem Col de Peuterey biwakieren. Auf der Hochfläche jenseits der Randkluft liegt der Schnee außerordentlich hoch, stellenweise reicht er uns bis an die

Oben: Morgendämmerung des 12. Juli 1961: kurze Aufhellung auf dem Zentralpfeiler des Montblanc: Mazeaud, Guillaume und Vieille nach dem ersten Biwak im Schneesturm. ▷

Unten: Erhabenheit und Zauber des Montblanc. ▷

Brust. Für eine Weile übernimmt Mazeaud die Spitze, die andern folgen. Ich selber bleibe stehen, um die Gruppe zu sichern und ihr die Richtung zu weisen. Vor einer hohen Schneemauer kommt die Gruppe ins Stocken; ich hole sie ein und gehe nach vorn. Obwohl ich nichts sehen kann, wende ich mich intuitiv einem Punkt zu, der mir für ein Biwak geeignet scheint. Ich habe die Lage so genau im Kopf, als hätte ich sie photographiert. Hinter mir geht Oggioni, und mit ihm diskutiere ich die Frage, ob es für unsere Sicherheit nicht doch besser sei, in einer Gletscherspalte Zuflucht zu nehmen, als mit dem weichen Schnee einen Iglu zu bauen. Es geht nicht um uns, sondern um die Franzosen, die kein Biwakzelt besitzen. Ich erkläre Mazeaud, weshalb wir in einer Gletscherspalte lagern müssen. Er billigt diesen Entschluß. Bevor die Nacht vom Freitag auf Samstag hereinbricht, nach zwölf Stunden Abseilmanövern, haben wir das Biwak eingerichtet. Kohlman scheint am meisten hergenommen zu sein. Wir plazieren ihn in unserem Biwakzelt. Mit dem restlichen Butangas bereitet Guillaume für ihn warmen Tee. Es herrscht eine bestialische Kälte. Der Wind weht unablässig und wirbelt den Schnee auf; das wird während der Nacht noch schlimmer. Wir teilen die verbliebenen Lebensmittel unter uns: dürre Pflaumen, Schokolade, Zucker und ein wenig Fleisch, das in der Kälte steinhart gefroren ist. Kohlman zeigt mir die Finger seiner Hände: sie sind blutleer. Mit dem Rat, sie zu massieren, übergebe ich ihm das fast voll gebliebene Aluminiumfläschchen mit dem Brennsprit. Er setzt es jedoch an den Mund und beginnt zu trinken. Er tut es ohne Überlegung. Hat er den Spiritus mit Schnaps verwechselt? Ich entreiße ihm das Fläschchen, aber es ist ihm gelungen, einige Schlucke zu nehmen. Werden wir wohl alle verrückt?
Es ist stockdunkel. Unser Biwak ist eine Hölle: Stöhnen, Kälteschauer, heulender Wind, immer dichter fallender Schnee. Ab und zu müssen wir die Biwakhülle von der Schneelast befreien. Ich versuche immer wieder, den Spirituskocher in Funktion zu setzen, muß es aber aufgeben; unter der Hülle fehlt der Sauerstoff, und das Flämmchen erlischt sofort. Wie in den vergangenen Tagen müssen wir Schnee essen, um unsern Durst zu löschen. Wir sind verzweifelt, aber niemand spricht darüber. Oggioni

24

schlägt vor: «Tun wir ein Gelöbnis! Wenn wir lebend aus diesem Abenteuer heim-
kommen, dann wollen wir vergessen, daß es einen Pfeiler gibt!» Ich bin einverstanden.

Im Schneesturm vergeht die Nacht langsam. Zur gleichen Stunde wie am Vortag, um
drei Uhr dreißig, schrillt mein kleiner Wecker. Wir erheben uns rasch von dem
unbequemen Lager und wollen die Zeit nutzen, um aus dieser grauenvollen Situation,
die kein Ende zu haben scheint, hinauszukommen. In dieser Nacht sind weitere sechzig
Zentimeter Neuschnee gefallen. Trotz Schneesturm brechen wir auf: alle scheinen das
vierte, qualvolle Biwak gut überstanden zu haben. Es ist nicht mehr nötig, daß ich mich
mit meinen Gefährten berate. Sie vertrauen meinen Fähigkeiten vollkommen. Jetzt
trage ich die Verantwortung, sie auf den einzig möglichen Weg zu unserer Rettung zu
führen: über die gefährlichen Gruberfelsen. Wir müssen die Gamba-Hütte noch vor
Abend erreichen, sonst ist unser aller Ende beschlossen.

Bevor wir aufbrechen, gibt Guillaume Kohlman eine Coraminspritze. Ich — Oggioni
und Gallieni sind unmittelbar hinter mir — beginne damit, einen Stollen in den hohen
Schnee zu treiben. Unsere ganze Gruppe ist durch ein einziges Seil verbunden. Der
Hang vor den Felsen ist erschreckend hoch mit Neuschnee bedeckt, der sich von einem
Moment zum andern in eine Lawine verwandeln kann. Ich weise meine Kameraden an,
mir schnell zu folgen und dann einen geschützten Standplatz zu beziehen, damit sie
mich sichern und halten können, falls sich eine Lawine lösen sollte, während ich den
Weg bahne. Es gelingt mir, unversehrt durchzukommen.

Ich rufe den Gefährten zu, einer nach dem andern solle herüberkommen. Als die Reihe
an Vieille kommt, fehlt ihm die Kraft. Er fällt dauernd hin, erhebt sich aber wieder.
Guillaume geht an seine Seite, muntert ihn auf, nimmt ihm den Rucksack ab und läßt
diesen auf dem Hang liegen. Vieille scheint für jeden Ansporn taub zu sein. Unterdessen seile ich mich über die erste Strecke der Gruberfelsen der langen Abseilserie ab.
Der Himmel hat sich aufgehellt, aber man fühlt, daß die Wetterbesserung kurz sein
wird. Von meinem Standplatz höre ich die Zurufe an Vieille, der den Couloir immer

noch nicht bewältigt hat. Unterdessen steigt Kohlman zu mir herunter. Es vergeht eine halbe Stunde. Da ich mir die Verzögerung nicht erklären kann, steige ich einige Meter am Seil auf, um nachzusehen, was los ist. Von Gallieni vernehme ich, daß Vieille total erschöpft sei und aus eigener Kraft nicht mehr weiter könne. Gallieni macht den Vorschlag, Vieille am Seil hängend über den Abhang gleiten zu lassen, um seine Kräfte zu schonen und ihm zu helfen, die Krise zu überwinden. Ich bin einverstanden und treibe die andern zur Eile an, denn sonst werden wir die Gamba-Hütte nie erreichen, ja, nicht einmal die Gruberfelsen überwinden.

Ich seile mich wieder zu Kohlman ab. Aus den erregten Rufen meiner Gefährten schließe ich, daß die Hilfsaktion für Vieille im Gange ist. Ich warte darauf, daß sich einer zu uns abseilt. Eine weitere halbe Stunde vergeht, ohne daß jemand über mir erschienen wäre. Die Rufe verstummen nach und nach. Wir dürfen doch nicht für jeden Abstiegssektor so viel Zeit aufwenden! Ich klettere wieder am Seil hoch, bis ich meine Gefährten erblicken kann. «Warum kommt ihr nicht nach?» frage ich. Jemand, Gallieni oder Mazeaud, antwortet mir: «Vieille stirbt!» Ich bin wie versteinert. Die Gefährten stehen um Vieille herum, der im weißen Schnee das Aussehen eines dunklen, bewegungslosen Bündels hat. Ich kehre zu Kohlman zurück, ohne ihm etwas davon zu sagen. Zeit verstreicht, vielleicht zwanzig Minuten. Es sind keine Stimmen mehr zu hören, nur der Wind pfeift über uns hinweg. Es hat wieder zu schneien angefangen. Es ist eine schweigsame Agonie in dieser traurigen Atmosphäre. Ich steige nochmals zu den Gefährten hoch: Vieille ist tot. Ich sehe zu, wie die Leute den Körper an einem Haken sichern, zusammen mit dem Rucksack von Gallieni, der jetzt mit überflüssig gewordenen Dingen vollgestopft ist. Keine einzige Klage wird laut. Es ist zehn Uhr. Kohlman hat nichts wahrgenommen. Ich bereite ihn etwas auf den harten Schlag vor. Dann kommt Mazeaud, der in halben Sätzen die Wahrheit durchblicken läßt. Kohlman erleidet einen heftigen Schock und bricht in Tränen aus.

Der düstere Frêney-Gletscher. ▷

Die Abseilmanöver werden wiederaufgenommen. Als wir alle sechs am gleichen Haken hängen, benütze ich die Gelegenheit, die Kameraden für die kommenden Operationen zu größter Eile anzutreiben. Die Aufforderung schließe ich mit der grausam tönenden Bemerkung: «... wenn wir nicht so enden wollen wie Vieille.»

Oggioni geht am Ende der Gruppe und ist, wie immer, mein rechter Arm. Er trägt einen gleich schweren Rucksack wie ich, Mazeaud und Guillaume. Gallieni trägt abwechslungsweise die Säcke der andern. Mazeaud treibt seine Leute pausenlos an.

Es ist ungefähr Mittag. Mir ist, als ob ich Stimmen zu uns heraufdringen höre. Ich habe mich eben von meinen Gefährten weggeseilt und glaube erst, daß diese rufen. Bald bin ich fast sicher, daß unten jemand gerufen hat. Es ist die Rettungsmannschaft! Gewiß sucht eine Gruppe Führer aus Courmayeur nach uns. (Das Reglement dieser Vereinigung der Bergführer, der ich damals auch angehörte, bestimmt, daß allen in Gefahr befindlichen Kollegen Hilfe zu bringen ist.) Ich beantworte ihre Rufe und veranlasse meine Gefährten, gleichzeitig einzustimmen, damit einigermaßen die Gewißheit besteht, daß wir gehört werden. In erleichterter Stimmung nehmen wir unsern Abstieg wieder auf.

Bis zum Fuß der Gruberfelsen ereignet sich kein Zwischenfall. Aber dann, während ich einen weitern Haken für das letzte Manöver mit dem Doppelseil einzuschlagen versuche, fällt mir plötzlich Oggionis Blässe auf, die das Anzeichen einer Krise ist, die für ihn fatal werden sollte. Ein unterdrückter Schrei läßt mich herumschnellen. Ich kann gerade noch rechtzeitig meinen Freund umfassen, der widerstandslos den letzten Metern Seil entlang abrutscht. Schon seit einigen Seillängen ist es mir aufgefallen, daß Oggioni mir sehr dicht folgt und alle Handgriffe nur noch automatisch durchführt. Armer Andrea! Seit dem Beginn unseres Rückzugs kann ich ihn zum erstenmal richtig anschauen und sehe das Leiden, das auf seinem Gesicht steht. Der Gesichtsausdruck zeigt trotz enormer Anstrengung noch ein kleines bitteres Lächeln; seine Augen spiegeln unsere Niederlage wider. Es wird mir sofort klar, daß die letzten Funken Lebenskraft in ihm am Erlöschen sind. Ich möchte ihm Mut machen, ihm zureden.

Aber was kann ich helfen, der ich doch in derselben seelischen Verfassung bin? Wir schauen uns lange und kummervoll an.

Die letzte Schneegleitbahn und die Randkluft werden mit Hilfe eines über meine Schultern gelegten Seils überwunden, das ich mit allen Kräften halte. Nun sind wir auf dem Frêney-Gletscher. Es ist fünfzehn Uhr dreißig. Ich rechne nach, daß wir seit dem Rückzugsbeginn am Vortag mindestens fünfzig Abgleitmanöver am Doppelseil bewerkstelligt haben. Eine kurze Aufhellung läßt uns die ganze Fläche des chaotischen Frêney-Gletschers erkennen: welche Mengen Schnee! Wir stellen fest, daß keine lebende Seele hier oben weilt und nicht einmal Fußspuren vorhanden sind. Woher aber waren dann die Stimmen gekommen? Später werde ich in den Zeitungen lesen, daß die Rettungsmannschaft uns auf dem Col de Frêney gesucht hatte. Aber warum dort, wenn uns doch alle auf dem Zentralpfeiler wußten? (Die im Fourche-Biwak hinterlassene Notiz war vom Bergführer Gigi Panei gefunden und beim ersten Alarmzeichen allgemein bekanntgegeben worden.)

Wir fallen wieder in die schwärzeste Verzweiflung zurück; wahrscheinlich ist nun alles aus. Wir hatten fest daran geglaubt, daß die Stimmen vom Fuß der Gruberfelsen herkamen. Und diese Überzeugung hatte uns die Kraft verliehen, die unermeßlichen Schwierigkeiten der gefährlichen Passage zu überwinden. Nun sind wir jedoch vollständig auf uns allein angewiesen, und ein langer Leidensweg bis zur Gamba-Hütte liegt vor uns. Wir beginnen den langsamen und mühevollen Abstieg über den Gletscher und weigern uns, an einen schlimmen Ausgang zu denken. Auch hier unten hat der Schnee eine respektable Höhe. Ich entsinne mich nicht, auf Winterbesteigungen solche Mengen angetroffen zu haben. Was wir auf unserem Marsch hinterlassen, ist keine Piste, sondern ein tiefer Graben. Glücklicherweise beginnt sich der Nebel zu lichten, und die Sicht wird zunehmend besser. Ich löse Mazeaud an der Spitze ab.

Wir betreten das Spaltenlabyrinth in Richtung des Innominatapasses, das letzte ernsthafte Hindernis auf dem Weg in die Sicherheit. Ich sterbe fast vor Müdigkeit und Kälte, und mein ganzer Körper schmerzt mich, aber ich will mich nicht gehen lassen.

Die Abstände innerhalb der Gruppe werden immer länger. Alle paar Schritte sinkt Oggioni entkräftet wieder zusammen. Er geht ohne Rucksack, den Gallieni ihm abgenommen hat; manchmal geht er zuhinterst, dann wieder vor Gallieni her. Wohl sind wir durch das Seil verbunden, aber jeder torkelt auf dem Gletscher herum, betrunken vor Müdigkeit. Ich sehe ein, daß wir in dieser Verfassung schwerlich bei Tageslicht auf den Innominatapaß gelangen werden. Gallieni, der jetzt direkt hinter mir geht, scheint am wenigsten erschöpft. Ich entscheide, daß wir zwei uns von der Gruppe trennen, um so rasch als möglich in die Eisrille der Innominata zu gelangen, deren Ausstattung mit Haken und Seilen unbedingt vor Einbruch der Nacht erfolgen muß. Mit Mazeaud an der Spitze folgen uns die Gefährten. Unterdessen mache ich mich an das äußerst schwierige Eis, das die an sich schon genügend heikle Rille vollständig überkrustet. Ich kämpfe mit Verbissenheit, denn in einer halben Stunde wird es dunkel sein. Die andern holen uns ein, und wir knoten alle wieder an dasselbe Seil: ich, Gallieni, Oggioni, Mazeaud und Kohlman. Guillaume hat uns nicht mehr erreicht. (Ich höre dann von Oggioni, daß er ihm beim letzten Atemzug auf dem Gletscher beigestanden hat.)
Wir erreichen den Innominatapaß bei völliger Dunkelheit. Es ist Samstagabend und neun Uhr vorbei. Seit sechs Tagen sind wir nun im Freien. Der Schneefall setzt neuerdings ein, und Wetterleuchten im Westen zeigt das Herannahen eines Gewitters an. Hier oben haben Schnee und Eis jede Vertiefung ausgefüllt und alle Felszacken begraben. Ich kann daher den Haken, mit dem ich meine vier Gefährten sichern will, nicht eintreiben und nehme deshalb das Seil über die Schulter. Abermals treibe ich die Gefährten zur Eile an. Statt dessen geht alles mühsam und sehr langsam vor sich. Meine Anweisungen vermischen sich mit schmerzlichen Klagelauten der andern. Oggioni, der sich hinter Gallieni befindet, scheint unfähig, sich länger an der Wand zu halten. Durch das über meine Schulter laufende Seil gesichert, versucht Gallieni, ihm auf alle Arten zu helfen. Zwei der Franzosen sind noch ganz unten: sie schreien und gestikulieren. Ein chaotischer Zustand.

Es vergehen drei Stunden, und wir sind noch immer am genau gleichen Punkt. Ich darf mich nicht bewegen, denn ich habe das Seil zu halten. Manchmal zieht es so stark, daß es nur mehr wenig bedurft hätte, mich in den Abgrund zu stürzen. Das Seil schneidet in meine Schulter. Der Schmerz und die Kälte machen mich fast ohnmächtig. Wenn ich jetzt zusammenbreche, sind alle verloren. Oggioni hat sich in den drei Stunden nicht vom Fleck gerührt. Er scheint in Trance zu sein; nur ab und zu gibt er einen Klagelaut von sich. Er hängt mit dem Karabiner an einem Haken und müßte diesen nur lösen, damit wir ihn am Seil zu uns heraufziehen könnten. Aber er hat nicht mehr die Kraft dazu, und wahrscheinlich ist er vor lauter Erschöpfung nicht mehr ganz bei Sinnen. Ich möchte mich gerne zu ihm abseilen, darf aber das Seil, an dem auch Gallieni hängt, keinen Moment fahrenlassen. Ich muß noch einen letzten Rettungsversuch unternehmen. Gallieni und ich müssen uns von den Kameraden trennen und so schnell als möglich zur Gamba-Hütte absteigen, um Hilfe zu holen. Ich hätte diese Entscheidung schon früher treffen sollen, um wertvolle Zeit zu gewinnen. Gallieni überzeugt sich, daß Oggioni gut am Haken befestigt ist, und wir lösen uns vom Seil. Oggioni bleibt unterdessen am Seil mit dem kräftigen Mazeaud verbunden. In zwei Stunden schon können wir alle gerettet sein.

Noch bevor wir uns zum Abstieg bereit machen, hastet Kohlman, von panischer Angst getrieben, unangeseilt den Couloir empor. Er überholt Mazeaud und Oggioni. Gallieni gelingt es, den Verstörten mit einem Karabiner am Seil zu befestigen, das ich immer noch über der Schulter halte. In Kürze sind wir zu dritt auf dem Innominatapaß. Kohlman keucht, er habe Hunger und Durst und fragt dann: «Wo ist die Gamba-Hütte?» Offensichtlich hat er den Verstand verloren, und wir können ihn unmöglich auf dem Joch zurücklassen. So nehmen wir ihn denn zwischen uns beide an unser Seil.

Zuerst steigt Gallieni ab. Dann folgt Kohlman, der jede Vorsicht vergessen zu haben scheint. Der Couloir ist steil und vereist. Nach wenigen Metern stoßen wir auf ein dünnes Sechzigmeterseil, das, erst durch einen Zacken verdeckt, an einem Haken fixiert von den Felsen des Joches in den Couloir hinunterhängt. (Später hören wir dann, daß es am Vortag vom Amerikaner Harling und dem Deutschen Kirsch auf dem Nordhang belassen worden war, um einer am Picco Gugliermina blockierten Schweizer Seilschaft oder dann uns Hilfe zu bieten. Aber warum hing nun dieses Seil über den Südhang und nicht über den Nordhang hinunter, wo es uns bei dem fatalen Aufstieg wirklich genützt hätte?) Wir gleiten diesem Seil entlang ab und gehen dann mit unsern eigenen Hilfsmitteln weiter. Kohlman wird immer gefährlicher. Er rutscht auf dem Rücken ab und hängt frei an dem von mir gehaltenen Seil. Er bleibt sogar in dieser Stellung liegen, wenn ich nachsteigen muß. Er ist weder mit Zurechtweisungen noch mit Drohungen zur Vernunft zu bringen. Er spricht zusammenhangloses Zeug und gestikuliert dabei mit den Armen. Wir hatten gedacht, in einer Stunde den Abstieg hinter uns zu bringen; mit Kohlman in diesem Zustand werden es aber drei.

Endlich sind wir doch unten und erreichen den Rand des Châtelet-Gletschers. Um zur Gamba-Hütte zu gelangen, müssen wir verschneite Höcker überschreiten. Sie bieten keine besondern Schwierigkeiten oder Gefahren, nur der hohe Schnee macht uns zu schaffen. Wir atmen endlich auf und wollen nur noch möglichst rasch zur Hütte gelangen. Aber da ereignet sich ein unerwarteter Zwischenfall. Gallieni läßt einen Handschuh fallen. Während er sich danach bückt, versucht er gleichzeitig, die andere Hand in die Jackentasche zu stecken, um sie zu erwärmen. Kohlman, der wahrscheinlich annimmt, Gallieni wolle eine Pistole hervorholen, stürzt sich auf ihn, umklammert ihn und will ihn den Abhang hinunterstoßen. Es gelingt Gallieni, sich zu befreien, während ich versuche, mit dem Seil die Bewegungen zu hemmen. Daraufhin wirft sich Kohlman auf mich. Ich weiche ihm aus. Er fällt um, wälzt sich und tobt: er ist nun vollständig übergeschnappt. Er erhebt sich wieder und versucht uns neuerdings anzufallen. Da er zwischen uns angeseilt ist, können wir ihn von uns fernhalten, indem wir von beiden Seiten her das Seil straffen. Wir können ihn nicht bis zur Hütte schleppen und müssen uns, ohne viel Zeit zu verlieren, aus dieser Situation befreien. Wir haben kein Messer, um das Seil abzuschneiden. Wir können es auch nicht aufknoten, denn Kohlman mißtraut jeder unserer Bewegungen. Während wir mit den Zähnen das Seil straff halten, ziehen wir die Hosen bis zur Leiste hinunter, um dann das umgebundene und steifgefrorene Seil von den Hüften rutschen zu lassen. Unser Vorhaben gelingt, ohne daß Kohlman dies wahrgenommen hat. Dann rufe ich Gallieni zu: «Laß los, hau ab!» Auf dem Schnee kugelnd eilen wir davon, die Retter zu holen. Da wir Kohlman an einer sichern Stelle zurückgelassen haben, brauchen wir uns keine Gedanken zu machen. Als ihn dann aber die Helfer erreichen, liegt er in den letzten Zügen.

Als Wracks, fast auf den Knien durch die Dunkelheit taumelnd, erreichen wir endlich die Gamba-Hütte. Nicht das kleinste Lichtlein beleuchtet den Zugang. Man könnte die dunklen, verschwommenen Umrisse leicht mit einem der vielen Granitblöcke verwechseln, mit denen der Moränenrücken übersät ist. Ich vermochte sie nur deshalb zu finden, weil ich diese Gegend wie meine Hosentasche kenne. Wir gehen um die Hütte herum und klopfen mit den Händen an die Fenster. Während wir zum Eingang zurückgehen, hören wir drinnen Schritte. Eine Hand schiebt den Riegel zurück, und die Tür öffnet sich weit. Wir sehen ins Innere, das durch eine Kerzenflamme nur spärlich erleuchtet ist. Der Raum ist mit schlafenden Menschen angefüllt. Ich übersteige einige Leiber, ohne jemanden zu erkennen. Nach ein paar Minuten springt jemand auf die Füße und ruft: «Walter, bist du es?» Nun springen alle auf. Wir, die Vermißten, haben nun endlich die Leute gefunden, die ausgezogen waren, um uns zu suchen. Gallieni, mit heiler Haut, ist bei mir. Ich rufe: «Beeilt euch! Es liegt einer da draußen! Die andern sind im Couloir der Innominata. Schnell, schnell!» Es ist drei Uhr in der Nacht zum Sonntag. Der Sturm legt sich keinen Augenblick. Ich werfe mich auf den Tisch in der Mitte des Raumes. Man löst uns die Steigeisen von den Füßen, zieht uns aus und steckt uns in trockene Kleider und gibt uns warme Getränke. Ich falle in tiefe Betäubung.

Nach etwa drei Stunden wache ich wieder auf. Es ist Tag geworden. Die Tür öffnet sich knarrend. Die Umrisse zweier Männer stehen dunkel vorm hellen Grau jenseits der

Türschwelle. Einer der beiden kommt näher und umarmt mich: es ist Freund Gaston Rébuffat, der soeben mit einem Hubschrauber von Chamonix herübergekommen ist. Dann sprechen seine Lippen die Worte aus, die ich nie mehr in meinem Leben vergessen werde: «Oggioni ist tot, sie bringen ihn herunter.» Ein unsagbarer Schmerz übermannt mich. Die Körper meiner armen Gefährten sind einer nach dem andern eingesammelt worden, außer jenem von Vieille, der für weitere sechs Tage nicht erreichbar ist. Der gute Mazeaud, der einzige, den man noch lebend aufgefunden hat, umarmt mich und weint mit mir.

In meinem Bett liegend, durchblättere ich die ersten Zeitungen. Meldungen, die uns, «die Vermißten auf dem Zentralpfeiler am Montblanc», betreffen, machen Tag für Tag größere Schlagzeilen. Dann erscheint die schreckliche Nachricht: «Vier Tote, Bonatti gerettet!» Dieser Titel schafft eine verwirrende Lage. Es erscheinen Berichte, in denen Personen, Tatsachen und Aussagen willkürlich durcheinandergebracht und verdreht werden und manchmal genau das Gegenteil der Wirklichkeit schildern. Die Trauer der Überlebenden wird mit ‹Delirium› verwechselt, ihre Schweigsamkeit und die spontanen Worte der Verehrung für die toten Kameraden als Feigheit, wenn nicht sogar als Schuldgeständnis ausgelegt. Man stellt ein Gerichtsverfahren in Aussicht und will in der Abgeordnetenkammer interpellieren. Es ist geradezu grotesk, was man, jeden gesunden Menschenverstand vergessend, ohne jeden Skrupel alles unternimmt. Neben dem Schmerz um meine toten Gefährten, den ich als Mann und Bergführer empfinde, und meiner körperlichen Schwäche muß ich noch gegen die absurden Anklagen der öffentlichen Meinung kämpfen. Man beginnt es zu glauben, daß die Leute eher bereit sind, zu verdammen als zu bewundern, und daß sie das Mitgefühl mit den Toten nur auf Kosten der Überlebenden aufbringen.
Der Mann von der Straße, mit seiner krankhaften Gier nach Sensation, begünstigt die

Die Nordwand des Pilier d'Angle (4308 m). ▷

Verbreitung der unsinnigsten Meldungen und Spekulationen, aber es muß auch gesagt sein, daß die Presseberichterstattung selber kein Erbarmen kennt. So entsteht eine Kettenreaktion; jedermann kritisiert und richtet, und manche machen mich zum Verantwortlichen für diese Tragödie. Man zeigt mir, dem Experten und Bergveteranen, wie ich mich am Zentralpfeiler hätte verhalten sollen. Und genau wie es vor fünf Jahren schon einmal geschah — nach meiner dramatischen Winterbesteigung des Montblanc — werden im Fernsehen und am Radio Gespräche am runden Tisch organisiert, bei denen Professor X, der Schauspieler Y, der Fachmann Z und der Abgeordnete K weitschweifig darüber referieren, was ich oder meine Gefährten hätten tun oder unterlassen sollen. Währenddessen liegen die überlebenden Protagonisten noch mit Schmerzen im Bett.

Warum das alles? Das erste «Warum» liegt bestimmt bei der Presse, die ihre Macht der Beeinflussung allzu leichtfertig gewissen Leuten leiht, die es verstehen, einseitig gefärbte Verdächtigungen und vergiftende Bemerkungen zwischen die Zeilen zu schmuggeln. Darauf reagieren viele der Leser mit Schadenfreude und Zynismus. Man kann dann in den Leserbriefen an die Redaktion Dinge lesen, von denen ich hier nur einige Beispiele zitieren will: «Tollkühne Taten gegen die Natur...», «... sie suchten die Gefahr und sind darin umgekommen...», «... ehrlich gesagt, ich könnte keine einzige Träne vergießen...», «... solche Leute sollte man in ein Arbeitslager stecken...». Die Briefe sind die Frucht einer gemeinen Informationsmethode. Wie würde es herauskommen, wenn jede andere Berichterstattung dermaßen negativ kommentiert würde? Um der Wahrheit die Ehre zu geben, muß indessen auch gesagt werden, daß es Journalisten gab, die mit Urteilsfähigkeit, Objektivität und Einfühlungsvermögen über den Fall geschrieben haben. Aber es waren wenige.

Die Wahrheit ist — ob sie nun gefalle oder nicht —, daß wir dort oben auf dem Pfeiler sieben Männer waren, die als Brüder und Helden die gleichen Leiden durchstehen mußten. Ein übelwollendes Schicksal hielt uns in einer Einsamkeit umklammert, in die keine Hilfe gebracht werden konnte. Keiner von uns sah den Ausgang des Dramas voraus, und ich habe es wahrscheinlich nur deshalb überlebt, weil ich mich, noch mehr als die andern, dagegen wehrte, zu sterben.

Später schrieb dann Mazeaud in seinem Bericht, daß er mir das Leben verdankt, daß ohne mich alle sechs gestorben wären. Und eines Tages hat mir dann Frankreich die höchste offizielle Anerkennung überreicht, die es zu vergeben hat: das Kreuz der Ehrenlegion — «für die mutige Haltung und die brüderliche Solidarität während des dramatischen Unternehmens».

Aber heute, da ich noch zu Tode erschöpft darnieder liege, fällt die «Gesellschaft», zu der ich ja auch gehöre, völlig ungerechterweise über mich her. Wahrscheinlich würde ich ein noch höheres Prozent Stickstoff im Blut besser ertragen als diese grausamen Zermürbungsversuche, die, jeden Tag frisch genährt, weitergehen. Ich bin sicher, in diesen Tagen habe ich zehn Jahre meines Lebens hingegeben. Solche Erfahrungen zerstören einen Menschen, oder sie lassen ihn erst wirklich reifen, um einiges mehr zu verstehen. Es stimmt, daß der moralische Druck, den der «bürgerliche» Mensch ausüben kann, einer physischen Gewaltanwendung in nichts zurücksteht. Ich habe es erfahren und bis ins letzte durchgemacht.

Es verblüfft immer wieder, welche Überlebenskraft vorhanden ist. Tag für Tag erhole ich mich körperlich und geistig, und mein Blick gleitet wieder etwas liebevoller über die harten Zacken des Montblanc. Wir werden auf den Zentralpfeiler zurückkehren, um auch die verbliebenen achtzig Meter zu besiegen! Mazeaud und ich haben dies beim Verlassen des Spitals abgemacht. Diese Wallfahrt wird dem Wagemut und der Opferbereitschaft unserer toten Kameraden ein Denkmal setzen.

Aber wir hatten uns zuviel vorgenommen; aus jedem schönen Traum stürzt man in die Wirklichkeit zurück. Wenn auch der Mensch bereit ist, gewisse Verdienste anzuerkennen, besteht daneben doch das erbarmungslose Gesetz des Ehrgeizes und des Erfolgshungers, das jede Anerkennung wieder zunichte macht. So kommt es, daß wenige Wochen nach unserer Tragödie eine französische Seilschaft bei besserem Wetter den

Pfeiler angeht. Wir beide sind natürlich nicht dabei. Dazu wären unsere Kräfte noch zu schwach. Nachdem sich die zwei Kletterer mit einem Hubschrauber auf den Gipfel des Montblanc haben fliegen lassen, seilen sie sich, um den Pfeiler anzugehen, über den Peuterey-Grat ab. Nach drei Tagen werden sie indessen zur Rückkehr gezwungen. Noch ist der Pfeiler unbegangen, aber die schwache Mauer der Zurückhaltung ist nun eingestürzt. In Kürze wird jener Monolith, durch die Toten zu trauriger Berühmtheit gelangt, das Ziel der fähigsten Seilschaften der Welt sein. Auf die völlig abnormale Schlechtwetterperiode folgt ein ungewöhnlich warmer und trockener Sommer; nie war der Montblanc derart schneefrei wie in diesem Jahr. Hatte der Zufall nur gerade uns so übel mitspielen wollen?

Am 29. August 1961 bringen es acht Männer aus vier verschiedenen Nationen fertig, nach hartem Ringen den Gipfel des Pfeilers zu erreichen. Meine toten Kameraden geraten darob nicht in Vergessenheit; die Bergsteiger der Gruppe bezeichnen die Überwindung des Pfeilers als «die schönste Huldigung an die Opfer». Dort oben waren Oggioni, Guillaume, Kohlman und Vieille im Kampf vereinte Brüder, und der Helikopter war erst aufgestiegen, um ihre Leichen ins Tal zu bringen. Sie sind für ein reines Ideal gestorben, denn sie haben ethische Ziele verfolgt; ihr Andenken darf nicht beschmutzt werden.

Während meiner langen Rekonvaleszenz gewinne ich meine Körperkräfte zurück. Ich mache lange Märsche durch die Wälder und unternehme stets härtere und schwierigere Klettertouren. Und dann kann ich endlich den großen «Test» antreten: den Montblanc über die «Via Diagonale» und den Mont Maudit über die «Via Kagami». Es sind zwei Eistouren, die von der ausgedehnten Brenva-Wand ausgehen. 1932, respektive 1929 erstmals begangen, waren sie nicht wiederholt worden. Mein Wunsch, alle Routen der obern Brenva — bis zu diesem Moment sind es fünfzehn — zu begehen,

---

22. Juni 1962: Die ersten Sonnenstrahlen erreichen die «Rocce Sinuose» auf der Nordwand des Pilier d'Angle. ▷

findet nun seine Verwirklichung. Ich weiß nun auch, daß ich wieder gut in Form bin und jedes Unternehmen im Hochgebirge anpacken kann.

Ich lege meine Erinnerungen an den Zentralpfeiler ad acta und wende meine Aufmerksamkeit der noch jungfräulichen Wand zwischen den Pfeilern und dem Peuterey-Grat zu, die sich oberhalb Courmayeur auf der Südseite direkt zum Gipfel des Montblanc aufschwingt. Sie verlangt keine Kunststücke mit Steigleitern und Flaschenzügen, auch keine luftigen Biwaks. Aber sie ist immerhin eine stolze und interessante Wand mit einer harmonischen Folge von Fels und Eis. Sie erinnert an den Alpinismus im 19. Jahrhundert, als man noch in die Berge ging, um einen Gipfel zu besteigen, und dazu nichts weiter brauchte als Seil und Pickel, kräftige Beine, ein gesundes Herz und kraftvolle Handgelenke, um die Tausende von Stufen zu schlagen. Es ist fast unglaublich und ergreifend, daß heute noch eine unbegangene Wand «aus jenen Zeiten» existiert, die achthundert Meter hoch zum höchsten Gipfel Europas aufsteigt. Ich beobachtete sie schon seit Jahren. Sie wäre bestimmt vor zwei Monaten mein nächstes Ziel gewesen, wenn ich nur im entferntesten geahnt hätte, daß sich auf dem Zentralpfeiler der Wettbewerb mit den Franzosen ergeben würde.

20. September. Es ist einer der warmen, klaren Tage, denen bereits rauhe Frostnächte folgen. In dieser Jahreszeit ist der jähe Temperaturwechsel durchaus normal, und wenn das Barometer beständiges Wetter anzeigt, bestehen die allerbesten Voraussetzungen, im Hochgebirge rasch zu bewältigende Begehungen zu unternehmen. Um davon zu profitieren, bin ich zur in dieser Zeit vereinsamten Gamba-Hütte aufgestiegen. Auf die nächtliche Kälte wartend, die die lockeren Steine in der Wand blockiert, lege ich mich in die Sonne und hänge meinen Erinnerungen nach.

Mein Seilgefährte ist Cosimo Zappelli, ein achtundzwanzigjähriger Bursche aus Viareggio — Enkel von Seeleuten, Bergsteiger aus Berufung. Gleich mir hat er seine Vaterstadt verlassen, um am Fuß des Montblanc zu leben. Nach der Tragödie auf dem Pfeiler habe ich ihm mein Seilende angeboten, und seither begleitet er mich auf fast allen meinen Touren. Nach drei Jahren wird er dann als Führeraspirant der Bergführerervereinigung von Courmayeur beitreten, von welcher ich mich abgewandt habe. Ich habe dort bei den Bergführern keinen Kontakt und kein Verständnis gefunden. Ich anerkenne durchaus, daß Zappellis Entscheidung ihre Rechtfertigung hat, aber sie enttäuscht mich trotzdem. Vielleicht hat er meinen Standpunkt nie begriffen, oder wir sind einfach zwei ganz verschieden geartete Menschen. Ich binde ihn dann von meinem Seil los und will nur die schönen Erinnerungen behalten.

Drei Uhr dreißig. Die Dunkelheit ist undurchdringlich, die Luft frostig. Im Licht der Stirnlampen gehen wir unsern Weg zum Innominatapaß, den wir noch in der Dunkelheit erreichen. Gleich nach dem Joch kuscheln wir uns in die Biwaksäcke und warten stillschweigend. Ein leichter Wind säuselt, die Sterne glänzen und zittern. Vom Frêney-Gletscher dringt hin und wieder das dumpfe Krachen einstürzender Eistürme herauf. Es ist alles im tiefsten Frieden ringsum, aber gerade die Stille läßt in mir die Tragödie vom vergangenen Juli neu aufleben. Ich kämpfe gegen die psychologische Barriere, die sich vor mir aufzurichten beginnt. — Endlich wird es langsam Tag. Ich setze ein erstes Doppelseil und stoße beim Abgleiten da und dort auf einen Haken, den ich an jenem tragischen Abend, in fast völliger Dunkelheit, ins Eis geschlagen habe. Wie einfach ist es jetzt! Der Gletscher unter uns ist beängstigend aper und mit schwankenden Eistürmen gespickt. Einer ist besonders auffällig. Zwar sieht er wie eine harmlose, auf den Gletscher gesetzte Säule aus, aber wir werden trotzdem im Laufschritt bei ihm vorbeigehen müssen.
Ich erzähle Zappelli ein ungewöhnliches Ereignis, das sich vor einigen Jahren auf dem Frêney, dem gefährlichsten dieser Gletscher, zugetragen hat. Ich war mit Doktor Gysi, einem Schweizer, unterwegs, gerade dort unten, auf der Brogliatta-Passage. Wir waren gezwungen, auf der ausgedehnten Fläche eines riesigen Eisturms zu gehen. Um ihn zur Eile aufzumuntern, erzählte ich ihm, daß ein genau gleicher Eisblock an diesem Platz unter den Füßen des berühmten Bergführers Lyonel Terray und seines

Gefährten auseinanderbarst. Man weiß, daß sich Spalten und Eistürme immer wieder an denselben Stellen bilden; Grund dafür ist das gewundene Bett des Gletschers, das die relativ «flüssige» Masse des Eises formt. Terray konnte sich damals wie durch ein Wunder retten, aber sein Begleiter verschwand für immer. Ich hatte meine Erzählung noch nicht beendet, als Gysi und ich in die Luft katapultiert wurden und dann wuchtig auf den Rücken aufschlugen. Wie durch ein Erdbeben bewirkt, war der riesige Eisturm um einige Meter senkrecht gesunken und hatte sich, ohne zu bersten, wieder beruhigt. Ein wahres Wunder!

Unter dem Eindruck dieser schaurigen Erinnerung eilen wir mit angehaltenem Atem dem Fuß des mindestens hundert Meter langen Eisturms entlang. Kaum sind wir aus der Gefahrenzone hinaus, als uns auch schon ein unheilverkündendes Krachen herumfahren läßt. Einen Moment lang scheint die Luft stillzustehen, dann beginnt der ganze Eis-Tempel zu erzittern, bewegt sich unter fürchterlichem Gepolter in seiner ganzen Länge, scheint sich aufzublähen und zerbirst in eine Wolke aus Eistrümmern, die sich brüllend auf uns zuwälzt. Als sich alles wieder beruhigt hat, sieht es aus, als ob überhaupt nichts passiert wäre. Wir schauen uns sprachlos an.

In wenig mehr als einer Stunde gelangen wir von den Eistürmen des Frêney auf den Grat des Picco Gugliermina, wo uns die warme Sonne empfängt.

Der lange Grat, der sich von hier zur Aiguille Blanche und dann zum Montblanc hinzieht, entzückt mich von neuem; frei, fast wie locker aneinandergereihte Fransen ziehen sich die leichten Gratspitzen bis zum Gipfelaufbau des Montblanc. Die weiße Wand auf der Brenva-Seite hat ein festliches Gepräge und gleicht einem Pelz aus Hermelin. Ins Morgenrot getauchte Wolken treiben, so weit man sieht, auf dem blaßblauen Himmel. In den tiefer liegenden Tälern ballen sich feuchte, herbstliche Nebelmeere, welche die Sonne schon bald auflösen wird.

Am Mittag sind wir auf der Aiguille Blanche und eine Stunde später auf dem tieferen

---

Bonatti am Pilier d'Angle. ▷

42

Peuterey-Paß. In der dünnen Wärme, auf dem viertausend Meter hohen Sattel, legen wir uns an die Sonne. Für heute werden wir hier bleiben. Als ich das erste Mal hier heraufkam (es wurden danach noch viele andere Male), war es September 1953. Ich war damals nach dem Montblanc unterwegs. Es war meine erste Besteigung dieses Berges, und es war kein Zufall, daß ich den Weg über dieses Joch gewählt hatte; schon damals faszinierten mich der Zentralpfeiler und die Südwand, die wir heute begehen. Ich erinnere mich, daß an jenem Tag, an welchem ich mit Roberto Bignami früh am Morgen aus dem Nordcouloir, der direkt zur Brenva aufsteigt, hier angelangt war, der Himmel ebenso rein und blank erstrahlte wie jetzt. Wir waren die einzigen Lebewesen zwischen den Graten des großen Berges. Wir hatten den ganzen Tag damit verbracht, uns an der Sonne zu trocknen, über tausenderlei Dinge zu plaudern, mit offenen Augen zu träumen, das unendliche Schweigen dieser Höhen aufzunehmen. Hier ist es heute wie damals — als ob die Zeit inzwischen stillgestanden wäre. Aber sonst, wie viele Dinge haben sich geändert; wie viele Erfahrungen, die ich nicht noch einmal machen möchte, liegen dazwischen — wie viele Gesichter, die ich nie wiedersehen werde! Auch Bignami ist im Himalaja geblieben.

Wenig nach sechzehn Uhr versinkt die Sonne hinter dem Brouillard-Grat, und eine Stunde später ist der Schnee fest gefroren. Wir machen uns auf, um den Fuß unseres Berges zu erkunden und einen Übergang über die Randkluft zu erspähen. Dahinter erhebt sich die Wand in ihrer ganzen erhabenen Größe. Links hebt sich der Zentralpfeiler vom kalten, durch fahles Licht erhellten Himmel ab. Sein Anblick versetzt mich in tiefe Bestürzung. Ich schaue genau hin; dort ist die Felsspalte, die unser letztes Biwak beherbergt hat, und dort ist die Wand, die Vieille zum Verhängnis geworden ist, dann die Gruberfelsen, der düstere Frêney-Gletscher und dort unten, im violetten Abendschatten, der Couloir der Innominata. Aber ich sehe nicht nur die festen Gebilde. Geisterhafte Männer irren gebeugt und stumm durch den tiefen Schnee, fallen hin und erheben sich wieder. Jeder, selbst schon vom Tod gezeichnet, sucht den andern zu stützen. Diese schaurigen Trugbilder erblicke ich, wohin ich mich auch immer wende. Das macht mich traurig, und ich wünsche nichts sehnlicher, als dieser bedrückenden Welt der Gespenster zu entfliehen.

Zwei Uhr fünfzehn. Der große Dreiviertelmond verschwindet hinter dem schwarzen Profil des Montblanc. Der Himmel ist mit funkelnden Sternen übersät. Wir bereiten uns vor, das Joch zu verlassen. Die Kälte wirkt lähmend, und die absolute Stille macht uns stumpf. Der nun folgende volle Einsatz lenkt mich zum Glück von den peinigenden Gedanken ab, die mich unablässig heimsuchen. Der Hang ist steil, die Kristalle knistern, und stellenweise muß ich meinen Pickel zu Hilfe nehmen. Im Morgengrauen sind wir am Fuß der Felsen, im Herzen der Wand. Eine wunderbare rote Sonne erscheint am Horizont. Es ist eine junge, herrliche Sonne, die man hier oben verehrt, als wäre man ein echter Sonnenanbeter.

Unter diesen Umständen ist diese Begehung begeisternd und gefahrlos. Ich bemühe mich um einen möglichst geradlinigen Aufstieg. Drei Haken dringen singend in den roten Granit der großen Verschneidung in der Mitte der Schlüsselstelle ein. Dann geht es weiter über graumelierte Felsen direkt zum Gipfel des Montblanc von Courmayeur.

Am Abend, während wir durch das Val Veni absteigen, blicke ich noch einmal zu meiner prächtigen Wand auf, die im Mondschein leuchtet. Es scheint fast unglaublich, daß wir geradewegs von dort oben kommen.

Der Pilier d'Angle

Nach der Begehung der Nordwand der Grandes Jorasses im August 1949 steige ich ins Tal ab. Unter dem Eindruck der schwindelerregenden Eisbastionen fühle ich in meinen Knochen immer noch den Schauder, den ich in den Biwaks auf viertausend Metern verspürt hatte. Ich war somit in einer Verfassung, in der man Flachland und die vielen Dinge, die hier unten das Leben erleichtern, zu schätzen weiß. Ich bummelte gerade über die Wiesen von Entrèves, das damals noch ein einfaches, entzückendes Bergdorf war, als mich jemand auf den großen Pilier d'Angle auf der Brenva aufmerksam machte. Man sagte mir, daß gerade eine Seilschaft längs der vereisten Platten im Aufstieg sei. Es war eine geradezu erschreckende Vorstellung, und niemand hätte dies im Moment mit mehr Berechtigung sagen können als ich. Obwohl mich in gerader Linie acht Kilometer von dem Pfeiler trennten, schienen mir seine Umrisse greifbar nahe. Wer mochte es wohl sein, der so viel wagen konnte und dem gegenüber ich mich als eine Niete fühlte? Später bekam ich zu wissen, daß es sich um einen Österreicher handelte, den großartigen Hermann Buhl. Als ich das erfuhr, erschien mir die Sache schon viel glaubwürdiger. Ich gestehe, daß die große Bewunderung, die ich immer für ihn gehegt habe, auch von dieser Erinnerung herrührt.

Die Jahre vergingen, und während ich mit dem Montblanc vertraut wurde, fand das Mißverständnis von Entrèves seine Aufklärung. Buhl und sein Gefährte Schließler hatten damals den Nordhang der Aiguille Blanche begangen. Eine stolze Eiswand, wohlverstanden. Aber der Pilier d'Angle, den ich in der Zwischenzeit von allen Seiten her studiert hatte, war im Vergleich dazu doch eine ganz andere Sache.

Was mich erstaunte, war die Tatsache, daß meines Wissens dieser kolossale Pfeiler, die größte Felsmasse im Becken der Brenva, von dieser Seite her noch unerkundet geblieben war. Auf 4200 Meter Höhe strebt er senkrecht aus dem Gletscher; er ähnelt auffällig dem nach oben gekehrten Kiel eines Schiffes.

Der Pilier d'Angle weist eine Entrèves zugekehrte Ostwand, einen gegen Nordosten gedrehten, abgerundeten Sporn und eine vollständig gegen Norden gerichtete Wand auf, die so verborgen ist, daß man sie nur vom Talgrund aus erblicken kann. Schattig, von abstürzenden Eissplittern kreuz und quer ausgekehlt, sieht sie einem monströsen Spinnennetz gleich. Der Nordostsporn ist schlank, kompakt und aus fabelhaftem rotbraunem Protogin. Die Ostwand hat dem Monolithen seinen üblen Ruf eingetragen. Fahl gefärbt und zerquält ist sie nach einem der größten Bergstürze, die sich seit Menschengedenken in den Alpen ereignet haben, zurückgeblieben. Am 14. November 1920 ging eine erste große Steinlawine nieder. Sie riß den zu jener Zeit noch unterhalb des Col de Peuterey existierenden Hängegletscher mit. Das war aber nur das Vorspiel der eigentlichen Katastrophe, die sich fünf Tage später ereignete. Wie in einem apokalyptischen Gewitter brach am 19. November plötzlich der obere Aufbau des Pfeilers, eine Wand von mindestens fünfhundert Metern, zusammen und stürzte auf das obere Becken des Brenva-Gletschers. In rasendem Tempo setzte die verheerende Steinlawine ihren Weg fort und verwüstete den Wald im Val Veni. Darauf schien sich die Wand des großen Pfeilers langsam zu beruhigen, aber eine gewisse Abbröckelung dauert heute noch an.

Vom 1. zum 3. August 1957 führe ich die erste Begehung des Pilier d'Angle durch und wähle den Weg dem kompakten Nordostsporn entlang. Es ist dies eine elegante und schwierige Route in einer großartigen Szenerie. Ihr habe ich in meinem ersten Buch «Berge — meine Berge» (Albert Müller Verlag, 1964) ein Kapitel gewidmet. Der Pilier d'Angle ist damit in die lange Geschichte der Eroberung des Montblanc eingegangen. Aber die eben erst durchgeführte Begehung stachelte mich an, eine noch kühnere Route zu finden. Meine Route über den Nordostsporn liegt auf der Grenze, die den Pfeiler tatsächlich in zwei absolut verschiedene Wände teilt, die zwei vollkommen unterschiedliche Anforderungen stellen: die Nordwand ist vereist und eingekeilt, die Ostwand liegt offen, ist felsig und besonnt.

Im Verlauf der Jahre, während sich meine Kenntnisse über das vereiste Gebirge erweitern, bin ich zur Überzeugung gelangt, daß die Nordwand des großen Pfeilers die größten Schwierigkeiten, die das Hochgebirge bieten kann, in sich vereinigt. Sie ist die düsterste, wildeste und gefährlichste Wand aus Eis und Fels, die man in den Alpen antreffen kann. Anhäufungen von glatten und überhängenden, völlig von Eis und Lockerschnee verkrusteten Felsplatten wechseln mit unerhört abschüssigen Eishängen, auf denen die hoch oben abbrechenden Eistürme und Wächten nach ihrem Absturz zerschellen. Diese etwa tausend Meter hohe «Hölle» in Form eines riesigen Trichters erweckt bares Grausen; dieser ist von einer strengen Natur geformt und erscheint im wie filtrierten Licht düster und kalt. Wahrscheinlich spielen in dieser Wand die Wettervoraussetzungen die wichtigste Rolle. Wer über dem ersten Drittel des Aufstiegs von Schneesturm oder Tauwetter überrascht wird, kann nicht mehr umkehren. Er kann dann das Aufstiegstempo steigern, was eine äußerst schwierige Lösung darstellt, oder er kann dem Aufruhr der Elemente trotzen — wir sind auf etwa 4000 Metern — und muß damit rechnen, das Opfer der Kälte oder der Lawinen zu werden.

Ich weiß das alles sehr wohl, aber der geheimnisvolle Impuls, der die Menschen immer wieder ins Unbekannte treibt, erweckt in mir das unwiderstehliche Verlangen, mich auf dem Pfeiler zu bewähren.

Die erfolgreiche Besteigung der Wand ist nur unter zwei Voraussetzungen möglich. Die erste ist ein reichlicher Schneefall, der die Eishänge mit einer kompakten Schicht bedeckt und ein schnelles Einsteigen erlaubt. In diesem Fall werden aber auch alle Felspartien, selbst die überhängenden, unter der ebenso problematischen wie gefährlichen Schneeschicht verschwinden. Die zweite Möglichkeit bietet sich, wenn die Felsen eisfrei erscheinen. Hier liegen die Probleme anders; sie sind gefährlich, denn der Schmelzprozeß läßt die Schneehänge hart und glasig werden und zwingt zum Stufenschlagen, was wiederum eine Menge Kraft und Zeit in Anspruch nimmt. Zudem ist der Kletterer einem häufigen, vielleicht tödlichen Steinschlag ausgesetzt. Eine günstige Doppelsituation — gutes Eis und guter Fels — wird durch die Lage des Berges nie möglich.

Ein Unternehmen dieser Art fordert auch vom besten Kenner Mut, Besonnenheit und innere Ausgeglichenheit — drei Faktoren, die Frucht einer umsichtigen und gewissenhaften Vorbereitung sind. Dieser «begnadete Zustand» muß sich mit den idealen

Voraussetzungen am Berg vereinen; das trifft für mich Mitte September 1961 zu, und ich wage den Agriff.

Um zwei Uhr nachts erreiche ich den Col Moore. Eine wundervolle eisige Nacht im Lichte des zunehmenden Halbmondes, der allein dazu befugt scheint, ungestraft in dieser Gegend herumzuvagieren. Der Col Moore ist eine richtige Kanzel im Herzen der Brenva, eine Art afrikanischer «tree-top», von welchem man, vor wilden Tieren sicher, Umschau halten kann. Hier oben sind die Raubtiere durch Seraks ersetzt, die am Fuß der Wand brüllend zusammenstürzen und das Gebiet in ein Eischaos verwandeln. Still, als ob sie schliefe, neigt sich die majestätische Brenva rechts gegen ihren Gletscher hinunter, der weiter unten in den harten Schatten der niedrigeren Berge verschwindet. Was der Mondschein auf dieser Seite fast harmlos erscheinen läßt, das läßt er auf der gegenüberliegenden Seite in erschreckenden Formen auftauchen. Gerade gegenüber steht der Pilier d'Angle, der aus dieser Sicht vollkommen senkrecht dasteht. Die Nordwand ist nun ohne jede Gliederung, glatt wie eine Schiefertafel, und der Hängegletscher scheint so stark herauszuragen, daß er jeden Augenblick abstürzen könnte. Ich weiß, daß dies nicht der Wirklichkeit entspricht, sondern daß der Berg ideale Voraussetzungen zu einer Besteigung bietet. Aber diese teuflische Vision läßt in mir einen psychologischen Vorgang anlaufen, der mich auf dem Joch festnagelt. So verweile ich eine gute halbe Stunde in absoluter Ruhe, als ob ich vom Pfeiler hypnotisiert wäre. Zappelli, als guter Schüler, schweigt. Plötzlich rufe ich zu meiner eigenen Überraschung: «Ich will meine Seele nicht auf jenem Pfeiler lassen!» Wir kehren heim, und ich kann für meinen Entschluß weder jetzt noch später eine vernunftmäßige Erklärung finden. Alles war in Ordnung, und die Wand hatte mir ihre «Achillesferse» ostentativ zur Schau gestellt, und dennoch bin ich umgekehrt.

Welch ein seltsames Ding ist doch die menschliche Psyche! Durch ihre ständige Bereitschaft, zu erfinden und Launen zu erzeugen, hat sie nun geheimnisvolle Wege

Entlang den senkrechten, eisverkrusteten Felsen der Nordwand des Pilier d'Angle. ▷

gefunden, in mir eine unüberwindliche Angst hervorzurufen, die mit keinem aller Vernunftgründe erklärbar ist. Ich bin dieser Angst erlegen — auch das ist eine Erfahrung.

Der Winter vergeht, und Mitte Juni des folgenden Jahres ist meine Wand wieder angriffsreif. Es hat genügend geschneit, die Nächte sind frostig und vom Vollmond erhellt. Zum Glück haben meine Vorbereitungen bereits Form angenommen. In der Nacht des 19. Juni erreiche ich den Fuß des Pfeilers, aber dann fällt das Barometer plötzlich; soll es schlechtes Wetter geben? Die Besorgnis veranlaßt mich zur Heimkehr, obschon der Himmel noch mit Sternen übersät ist. Ich habe es nicht zu bereuen: ein paar Stunden später, im Morgengrauen, fängt es tatsächlich zu schneien an. Glücklicherweise ist es nur ein vorübergehender Schneefall, und zwei Tage später stehe ich wiederum am Fuß des Pfeilers — diesmal mit jeder Garantie für gutes Wetter. Der Mond, der auf Dreiviertel abgenommen hat, ist vor kurzem aufgegangen, bescheint die Nordwand und hebt alle ihre Schwierigkeiten hervor. Die Angst befällt mich neuerdings — ein zwar mehr als normales Gefühl in dieser Umgebung —, aber diesmal weiß ich zu reagieren.

Die erste Knacknuß der Nordwand ist die Randkluft. Sie ist durchgehend und sehr breit. Ihr bergseitiger Rand ist überhängend, mit Mauern aus Eis und Schnee, die zwanzig Meter hoch sind. Umsonst suche ich nach einem schwachen Punkt, um hinüberzukommen. Ich entscheide mich daher, eine Taktik anzuwenden, die mir schon andere Male zum Erfolg verholfen hat. Nachdem ich in die Kluft gestiegen bin, grabe ich einen Stollen, der mir erlaubt, auf den Hang oberhalb der Mauer zu gelangen. Es ist eine anstrengende Arbeit. Während zwei Stunden führe ich Pickelschläge, die mich unter Schneestaub und Eissplitter begraben, aber am Schluß komme ich durch.

Es ist ein Uhr in der Nacht des 22. Juni. Ich stehe nun am Fuß der unerhört steilen Hänge aus vereistem Schnee. Die tiefen Längsrillen zeugen dafür, daß hier in den warmen Tagesstunden unaufhörlich kleinere Lawinen niedersausen. Ich beginne den

Aufstieg nach rechts hin, indem ich diagonal Stufen schlage. Zappelli folgt mir auf jede Seillänge. Nach und nach gelangen wir an den Punkt, wo sich alle Eis- und Schneerutsche, die teils von den Eistürmen der nahen Poire, teils von unserer Wand herunterkommen, kreuzen. Hier hält einem die Angst derart gefangen, daß man nicht einmal den Kopf nach oben zu heben braucht, um zu spüren, was unversehens geschehen könnte; den Steinschlag fühlt man schneller, als daß man ihn kommen hört. Bei jedem Windstoß oder Knirschen am Berg erstarren wir vor Schreck. Die Lawinen, die ich hier früher niedergehen sah, hatten ein enormes Ausmaß und stürzten mit einer Front von mindestens vierhundert Metern auf den Gletscher. Die aufgewirbelten weißen Staubwolken hatten eine Ausdehnung von einem halben Kilometer, und die erzeugten Luftwirbel hätten genügt, einen Menschen umzubringen.

Ich umgehe den letzten Sporn der Felsen, die den Fuß der Wand bilden. Nun sind wir völlig ungeschützt den Steinschlägen ausgesetzt. Der Mond beleuchtet die berühmten Eistürme der Poire und der Major. Ich muß schneller sein, sage ich mir immer wieder. Aber ich bin gezwungen, für jeden Schritt eine Kerbe auszuschlagen, um die Fußspitze ansetzen zu können. An vielen Stellen ist der Grundschnee von den herabsausenden Rutschen derart blankgescheuert, daß er nur noch eine dünne, unverläßliche Kruste bildet, die marmorhartes Eis tarnt. In dieser Lage scheint der Zeitaufwand für jede Verrichtung endlos. Unterdessen wird der Hang immer steiler. Wir gelangen in die Schattenzone, der Mond verschwindet hinter der Wand. Ich schalte die Stirnlampe ein und fahre fort, bei dieser spärlichen Beleuchtung Stufen zu schlagen. Ich fühle, daß die Nordwand des Pilier d'Angle über mir ist. Ich kann keine Details mehr wahrnehmen, denn sie ist nur noch eine dunkle, unförmige Masse. Es geht nun darum, jene Zone zu erreichen, die ich beim Studium der Wand «Rocce Sinuose» getauft habe. Diesen obligaten Durchgangspunkt meiner Besteigung muß ich unbedingt erreichen. Indem ich mich in der vermuteten Richtung hocharbeite, bedrückt mich die Erkenntnis, daß nun jeder gewonnene Meter uns weiter von der Möglichkeit einer Rückkehr entfernt.

Es fängt zu tagen an. Und da sind auch die «Rocce Sinuose». Die von mir eingeschlagene Richtung war also zutreffend. Das werdende Licht läßt mich aber auch erkennen, in welcher Umgebung ich bin; sie beängstigt mich! Wir sind nun im Herzen des großen Pilier d'Angle. Die Wand flieht unter den Füßen bis zum tief unten liegenden, noch ins Dunkel gehüllten Gletscher. Wie aber sieht es über uns aus? Hundert Meter über den «Rocce Sinuose» scheint der Durchstieg durch eine Reihe vertikaler, stellenweise überhängender und gleichzeitig eisverkrusteter Felsen versperrt zu sein. Sie erinnern mich an die Patagonischen Anden. Hier gibt es keine Alernative: man muß sie direkt übersteigen. Aufgeben wäre an diesem Punkt vielleicht gefährlicher als Weitermachen.

Ich bin gerade dabei, die «Rocce Sinuose» anzugehen, als uns ein infernales Krachen aufschreckt: von den Eistürmen der Major fegt eine Eislawine herunter und stürzt nach einem Sprung etwa tausend Meter tief auf den Gletscher hinab. Die Luftbewegung ist so heftig, daß sie den Himmel einzureißen scheint. Obschon wir außerhalb der Schußlinie sind, erbleiche ich; die Lawine hat einen Teil der Brenva leergefegt und ist an jener Stelle zum Stillstand gekommen, die wir in der Nacht passiert hatten. Der Eisstaub dringt bis zu uns herauf.

Eine Stunde später, als die «Rocce Sinuose», die keine besondern Schwierigkeiten aufweisen, überwunden sind, befinden wir uns unter dem gefürchteten Querband, das die ganze Nordwand sperrt. Es ist dies die Schlüsselstelle der Begehung; der kürzeste Durchstieg ist mindestens hundertzwanzig Meter. Ich arbeite mich an den untern Rand dieser Felsen hinan, die vollständig mit Schnee und Eis überzogen sind, und beginne die Felsplatten mit Pickelschlägen abzukrusten, um nach Griffen und Rissen zu suchen und um Haken zu setzen. Es ist eine scheußliche Arbeit. Die Haken dringen

Oben: Morgendämmerung des 23. Juni 1962: auf den letzten Felsen des Peuterey-Grates, beim Gipfel des Montblanc. ▷
Unten: Nordwand des Pilier d'Angle. Zappelli folgt Bonatti auf dem steilen, vereisten Band. ▷

54

selten und nur unter großer Mühe in die von durchsichtigem Eis verstopften Risse ein. Eine einwandfreie Sicherung gelingt nicht. Die Griffe, sofern man überhaupt solche findet, sind glashart und glitschig. An den Füßen trage ich ständig die Steigeisen, deren Spitzen sich im vereisten Fels verbeißen und mir beste Gewähr bieten. Unter mir gähnt der Abgrund von etwa fünfhundert Metern.

Die Sonne, die uns seit einer Stunde bescheint, hat die Luft erwärmt. Infolge der Abschmelzung beginnen Eis- und Steinpartikel durch die Luft zu pfeifen. Einige treffen mich, aber glücklicherweise schützt der Helm meinen Kopf. Ich fahre fort, auch unter diesen Umständen hochzusteigen; um über die beängstigenden hundertzwanzig Meter Wand hinwegzukommen, brauche ich fünf Stunden. Seit dem Einstieg in diese Schlüsselstelle bin ich ohne Handschuhe, damit ich besser greifen kann. Die scharfen und frostigen Eiskristalle verletzen die Finger, so daß Blut unsern Weg markiert. Trotzdem gewinne ich Dezimeter um Dezimeter. Die Anspannung schränkt unser Zwiegespräch auf das Allernotwendigste ein. «Paß auf, der Haken sitzt nicht sicher...», «Hier ist Glaseis...», «Was siehst du oben? Gibt es einen Ausstieg?», «Nein, noch weiterhin senkrechter und vereister Fels!», «Wenn du einen großen Wurf kommen siehst, warne mich!» — So geht es volle fünf Stunden, ohne eine Pause.

Gegen elf Uhr ist die große Unbekannte, die senkrechten hundertzwanzig Meter der Mauer, überwunden. Die Wand legt sich nun zurück. Aber gerade dadurch werde ich jeder Deckung entblößt. Ich bin dem direkten Beschuß durch den äußerst gefährlichen, von der Sonne verursachten Eisfall ausgesetzt. Die kleinste Salve des großen Eisturms würde genügen, uns aus der Wand zu fegen.

Das geringste Klirren läßt meinen Kopf in die Höhe fahren, und ich unterbreche die Kletterei. Unbewußt suche ich nach einem Felsgebilde, das mir irgendwie Schutz gewähren könnte, obwohl ich weiß, daß hier dieser Schutz nichts nützt. Es fällt mir ungeheuer schwer, der aufkommenden Unruhe Herr zu werden. Ich beeile mich, eine Lösung zu finden, um bald aus dieser zermürbenden Situation hinauszukommen. Rechts fällt die fast senkrechte, enge Rinne ab, durch welche der darüberliegende

Hängegletscher seine Eistrümmer abgleiten läßt. Ich entscheide mich, sie zu queren, um den langen Felssporn auf der andern Seite zu erreichen. Ich verankere mich am letzten Fels, lasse Zappelli nachkommen, und ohne weitere Zeremonien beginne ich in leicht ansteigender Folge Stufen in das grüne Eis der Rinne zu schlagen.

Es sind genau vierzig Meter — die Seillänge, über die ich verfüge — bis zum sichern und einladenden Felssporn. In dieser ausgeschliffenen Trichterwand vollziehe ich die beängstigendste Querung, die ich je gewagt habe. Dabei gehe ich so vor: ich ritze mit dem Pickel eine Kerbe, gerade so groß, um darin auf vier Zacken meiner Steigeisen das Gleichgewicht zu halten, während ich die nächste Kerbe ritze. Zappelli, an einem Haken gesichert, verfolgt mit größter Aufmerksamkeit meine Bewegungen, die durch den schweren Sack auf meinen Schultern immer akrobatischer werden. Falls ich das Gleichgewicht verlieren sollte oder von einem Eisgeschoß getroffen würde und ins Leere fiele, könnte mich mein Gefährte augenblicklich am Seil blockieren. Glücklicherweise geschieht nichts. Ein paar Eissplitter treffen mich ohne Folgen. Was ich da mache, ist sicher kein orthodoxes Vorgehen, aber es erlaubt mir eine Beschleunigung, die in unserem Falle lebenswichtig ist.

Als ich schweratmend vor Anstrengung auf die andere Seite gelange, werde ich von etwas gestreift. Ich fahre zusammen: es ist ein gelbbrauner Schmetterling, der offenbar durch eine warme Luftsäule hier heraufgetragen wurde. Er wird sterben, sobald er vom Frost überfallen wird. Im Augenblick beneide ich ihn allerdings um seine Flügel, die ihn schnell aus diesem todumhauchten Ort forttragen.

Es ist keine Minute zu verlieren. Ich rufe Zappelli zu, die beiden Haken zu belassen und mir eiligst zu folgen. Auf dem Rand des Sporns sind wir immer noch in Gefahr. Die Wärme wirkt schwül. Wir steigen etwa vierzig Meter bis zu einigen trockenen und sicheren Felsen auf. Hier können wir uns endlich einen Moment der Ruhe gönnen.

Als ich die Feldflasche mit dem Wein an den Mund setze, muß ich lächeln. Es kommt mir in den Sinn, daß heute mein Geburtstag ist, und ich sage mir, daß die Kletterei hier herauf auch eine Art sei, ein solches Fest zu feiern. Wir essen Datteln und gedörrte

Pflaumen, ein paar Vitamin-C-Tabletten, und dies zusammen dünkt uns das beste Mittagessen, das man sich wünschen kann.

Ich schätze, daß wir etwa in der Hälfte der Wand sind. Ich weiß nun, daß wir nicht mehr umkehren können, aber ich bin mir auch bewußt, daß die schlimmste Unbekannte des Pfeilers überwunden ist. Vierzig Meter unter uns tritt die Wand zurück, und man gewahrt nur gähnende Leere. Vom Talgrund sieht man nichts, nur fern und flimmernd kann man gerade noch das Gebiet des Col du Géant erkennen. Am Horizont steht ein dünnes Band hoher, windzerzauster Wolken. Auf beiden Seiten fliehen Eisabbrüche, auf denen nur die Silhouetten der hängenden Seraks erkennbar sind, in die Tiefe. Nirgends kann das Auge einen Ruhepunkt finden. Nur selten habe ich mich an einem solch beeindruckenden Ort befunden. Obwohl unsere Ausrüstung auch Biwakmaterial enthält, können wir uns mit einer Beiwacht in dieser Wand nicht befreunden. Wir brechen daher wieder in aller Eile auf. Die Angst, die mir weder die Hände noch die Beine hat zittern lassen, hat mir jedoch das Herz verkrampft und die Nerven aufgerieben. Es treibt mich, dieser Hölle zu entfliehen.

Ich beginne wieder, einer Folge rötlicher, manchmal überhängender Felstürme entlang weiterzusteigen. Weiter oben erweist sich die Wand wiederum als verworren. Bald werden wir im Schatten sein, der die Formen und Umrisse verhärtet. Sofort fühle ich auch die Kälte an den Händen, die sich nach und nach auf den ganzen Körper ausbreitet. Das Problem des Ausstiegs kompliziert sich. Würde es vorteilhafter sein, direkt die schwerverschneiten Felsen über uns zu durchsteigen oder aber den Eistrichter wieder zu queren, um auf den Kopf des Hängegletschers zu gelangen? Ich entscheide mich fürs letztere. Die Rinne hat hier oben eine Breite von ungefähr achtzig Metern und besteht vollständig aus blankem Eis. Wahrscheinlich wäre eine Querung nach links die richtige Lösung. Ich beginne mit dem Stufenschlagen. Nach den ersten vierzig Metern versuche ich, in einem aus dem Eis ragenden Felskopf den Sicherungs-

---

Ostwand des Pilier d'Angle: ein Labyrinth senkrechter, glatter Felsen. ▷

haken einzuschlagen. Aber er hat keine Risse. Ich muß daher zu einem Eishaken greifen, der jedoch keine hundertprozentige Sicherheit verspricht, weil der plötzlich eingetretene Frost die Eisoberfläche außerordentlich spröde macht. Ich verankere mich so gut es geht und lasse den Gefährten nachkommen. Dann nehme ich die zweite Phase der Traversierung in Angriff.

Die trockene Kälte, die dem schwülen Tag folgt, sprengt die Eisplatten, die an den Überhängen kleben. Beständig lösen sich welche, zischen durch die Luft, um dann auf der Wand oberhalb unseres Standortes zu zerschellen. Solange uns nur Splitter treffen, geht alles gut, dann aber kommen größere Stücke heruntergesaust. Eben habe ich einen zweiten Haken ins Eis geschlagen, als mich ein Getöse und der Aufschrei Zappellis zusammenzucken lassen. Eine Eisplatte hat meinen Gefährten am Kopf getroffen, aber der Helm hat den Schlag abgeschwächt, und er ist, dank dem Haken, an den er sich noch geklammert hat, nicht abgestürzt. Wehe, wenn er das Bewußtsein verloren hätte.

Die Gefahr wird immer ernster. Ich beschließe daher, alle paar Meter einen Haken zu schlagen und die Verankerungen zu vermehren. Sollten uns weitere Geschosse treffen, ja uns aus der Wand schleudern, so würden uns die Haken halten. Wir sind nun wieder in akuter Lebensgefahr. Tatsächlich sind noch nicht fünf Minuten vergangen, seit Zappelli getroffen worden ist, als der ganze Berg erzittert. In der Nähe des Montblanc-Gipfels hat sich eine ungeheure Eislawine gelöst, die auf unserer Seite in der Richtung des Hängegletschers der Poire niedergeht. Dieser wirkt wie ein Sprungbrett für den Eissturz. Dieses wilde, elementare Schauspiel wird zu meinen eindrücklichsten Erinnerungen gehören. Es ist, als hätte mich das Eis gestreift, aber Gott sei Dank war es nicht so. Unbeweglich stehe ich auf den Zacken meiner Steigeisen und halte das Gleichgewicht, während meine Blicke den Ablauf der Katastrophe bis zum Schluß verfolgen. Einige Sekunden lang dröhnt und kocht es, dann steigen violett reflektierende, weiße Wolkenwirbel zu uns herauf. Ich fühle mich unendlich klein und verletzlich; ich schaue zu den «Rocce Sinuose» hinab, die wir im Morgengrauen durchstiegen hatten, und erbleiche — die Lawine hat die Stelle völlig blankgefegt. — Ich bin mit meinen vierzig Metern Seil zu Ende und befinde mich noch immer in der senkrechten Wand. Ich lasse meinen Gefährten bei gestrafftem Seil zu mir nachkommen.

Endlich gelingt es mir, den Hängegletscher zu erreichen und oberhalb des lockern Eisturms auszusteigen. Hier ist der Schnee pulverig, hoch und droht, Lawinen zu bilden. Ich muß den ganzen Hang queren, bevor ich in der Randkluft des letzten Aufschwungs einen schwachen Punkt ausfindig machen kann. Nun fehlen nur noch hundertfünfzig Meter bis zum Gipfel. Von ihm trennt mich noch ein extrem steiler Eishang, der von losem Pulverschnee bedeckt ist. Diese Wand stellt tatsächlich so heikle Probleme, daß wir uns keine Verzögerung gestatten dürfen. Ich mobilisiere meine letzten Kraftreserven. Das bißchen Himmel, das wir im Osten erblicken, nimmt in der Abendsonne einen diesigen Charakter an, während wir hier die Kälte immer deutlicher zu spüren bekommen. Die durchnäßten Kleider und Schuhe werden steif. Die Kälte schränkt meine Bewegungen ein und macht mich geradezu plump. Ich bezwinge eine letzte Spalte und steuere direkt auf den Gipfel des Pilier d'Angle zu. Um 18.05, zuerst mit den Händen und dann mit den Füßen, gelange ich auf die Schneide des Gipfelgrates. Eine neue Welt breitet sich vor meinen Augen aus: gegenüber erhebt sich der Zentralpfeiler, tiefer unten der Col de Peuterey, die Aiguille Blanche, der Innominata-Grat, die tiefer liegenden Gletscher und, viel weiter unten, grüne, von der Sonne überflutete Berge. Die abgestumpften Augen nehmen gierig die warmen Farben auf. Wir haben noch einige helle Stunden zur Verfügung, doch ich ziehe es vor, mich auf einem bequemen Band niederzulassen, um zu warten, bis der Nachtfrost den zerbrechlichen Schneegrat des Peuterey verhärtet. Aber ich erwarte auch das Aufgehen des Mondes, der das letzte Stück unseres Weges zum Gipfel des Montblanc beleuchten wird.

Etwa um Mitternacht ist der ganze Berg von Licht und Schatten überflutet. Es herrscht eine beißende Kälte. Wir haben Mühe, uns in Gang zu bringen, aber als wir dann die Kraft dazu finden, scheint uns das Gehen eine wundervolle Sache. Der Schnee knirscht

Oben: Ostwand des Pilier d'Angle. Zappelli folgt dem Seilersten rittlings über den scharfen Gipfel-Grat. ▷

Unten: Bonatti begeht «die lange Querung» des Pfeilers. ▷

unter den Steigeisen und erglänzt in Tausenden von kleinen Kristallen. Als sich die ersten Anzeichen des Morgengrauens bemerkbar machen, sind wir schon über den halben Peuterey-Grat hinweg.

Die Berggipfel offenbaren sich starr und wie verzaubert; der kalte Wind, der sich erhoben hat und heftig weht, läßt Spuren von Krallen auf den Schneeflächen zurück.

Da sind auch schon die letzten Felsen. Als ich den Gipfel betrete, bietet sich mir das schönste Schauspiel, das der Montblanc im beginnenden Tag schenken kann: auf der einen Seite liegt die italienische Flanke, vom warmen und funkelnden Licht überflutet, auf der andern Seite ist Savoyen, das noch in Nacht getaucht ist.

Der Herbst des folgenden Jahres ist ausnehmend schön. Dies erlaubt mir eine Reihe herrlicher Begehungen. Von der unerforschten Westseite des Trident de Tacul zu den Süd- und Ostwänden des Dent du Géant, vom Monte Rosa zum Matterhorn, von den Brenta-Dolomiten zu jenen von Lavaredo und des Sassolungo. Die begehrteste — und unverhoffteste zugleich — wird für mich jene Besteigung sein, die ich zwischen dem 11. und 12. Oktober auf dem Montblanc — meinem Berg — verwirklichen kann: die Route über die jungfräuliche Ostwand des Pilier d'Angle, dem Zentrum der Steinschläge. In der alpinen Chronik wird sie als schwierige und vorwiegend felsige Route aufgeführt, die sich einer Reihe von Verschneidungen mit senkrechten und wenig vertrauenswürdigen Rissen entlangzieht. Die nächtliche Temperatur schwankt um fünfzehn Grad unter Null. Der Schneebelag ist überall pulverig und unzuverlässig. Aber mir bietet die Route, vor allem in ihrem zweiten Teil, die interessantesten Möglichkeiten an, die der große Pilier d'Angle zu vergeben hat.

Die Zahl der Routen, die über die obere Brenva verlaufen, und die ich teilweise mehrmals im Sommer und im Winter begangen habe, steigt damit auf neunzehn an. Einige haben bereits ihre Varianten und wieder andere werden sie in der Zukunft bekommen. Als eigentliche Routen verbleiben indessen:

Peuterey-Grat — Nordwand der Aiguille Blanche — Nordcouloir des Col de Peuterey

— Ostwand, Nordostsporn und Nordwand des Pilier d'Angle — Poire — Col Major — Sentinelle Rouge — Brenva-Sporn — Diagonale — Couloir der Brenva — Gruber — Giannina — Couloir des Mont Maudit — Cretier — Kagami — Kuffner oder Tour Ronde.

— Ostwand, Nordostpom und Nordwand des Pfiler d'Angle — Poire — Col Major — Sentinelle Rouge — Brenva Sporn — Diagonale — Couloir der Brenva — Grüber — Gianmina — Couloir des Mont Maudit — Crétier — Kagami — Kuffner oder Tour Ronde.

Alpinismus

Der Alpinismus wurde vor ein paar Jahrhunderten von den Erforschern der Alpen entdeckt; nachdem sie Täler und Übergänge erkundet hatten, packte sie das Verlangen, die Gipfel zu erobern. Eine nach der andern dieser legendenumwobenen Bastionen der Natur fiel, obschon man sie für unbesiegbar gehalten hatte. Dann kamen die Grate an die Reihe, die Wände und Kanten, die auf immer schwierigeren, direkteren Routen begangen wurden. Nach und nach entwickelten sich die natürlichen Hindernisse zu Schauplätzen kühner und ausdauernder Taten. Überdies sind die Berge für viele ein edler Vorwand, die eigenen Kräfte zu messen, in einen Wettbewerb, eher mit sich selbst als mit dem Berg, zu treten und durch Taten den urtümlichen Dialog mit der Natur aufleben zu lassen. Aus dieser Sicht gewinnt das Bergsteigen einen fast philosophischen Aspekt; man könnte sagen, es sei der lebendige und heroische Ausdruck unserer Zeit. Gott und Vaterland, zwei Begriffe, die in früheren Zeiten die Menschen dazu brachten, über sich selbst hinauszuwachsen, haben ihren magischen Zauber eingebüßt. Worte über Frieden und Freiheit werden weder Königen noch Ministern geglaubt, denn das Leben selbst ist eine einzige Reihe von Aggression, Provokation und Zweifel. Der moderne Heroismus – dieser neue Ausdruck für Mut – ist leer im Vergleich zu den Taten der antiken Heroen. Der heutige Held ist ein «Eroberer von Nutzlosem» – es ist die Tat an sich, die Mut erfordert und anerkannt wird. Trotzdem erfüllt sogar dieses moderne Heldentum eine Aufgabe, die jenseits des Materiellen liegt und Wahrheiten enthält, die trösten und überzeugen. Die Tat geht weit über die persönliche innere Befriedigung hinaus, aber sie wird mißverstanden. Wissenschaft und Weisheit, unentbehrlich für jeden menschlichen Fortschritt, sind nicht dasselbe; daran haben uns die Philosophen seit jeher erinnert. Akzeptieren wir die sozialen Errungenschaften und lassen wir voller Stolz unsere Astronauten auf dem Mond und andern Welten landen, aber vergessen wir nie, daß die eigentliche Bestimmung des Menschen darin läge, humaner zu werden. Das ist es, was die unnützen, aber doch weisen «Verrücktheiten» der heutigen Helden uns sagen wollen.

Wenn dies eine Antwort auf das «Warum» des extremen Leistungsbergsteigens sein kann, so ist damit in bezug auf das «Wie» — seine Schwierigkeit und die angewandten Techniken — noch nichts gesagt. Das «Wie» und «Warum» müßten sich decken, wenn eine Besteigung ihrer Bedeutung nicht entfremdet werden soll.

Sehen wir uns die Entwicklungsetappen des Alpinismus näher an. Die zu Bergsteigern gewordenen Erforscher der Alpen mußten für ihre neue Tätigkeit Hilfsmittel ersinnen und herstellen, um die Schwierigkeiten und Gefahren zu überwinden, die der Berg ihnen entgegensetzte. Es kamen die ersten Seile, Pickel und Nagelschuhe in Gebrauch. Als sich dann die Bergsteiger den Graten, Wänden und Kanten zuwandten und sich an die steilen Eishänge des Hochgebirges heranmachten, bedingte dies eine Anpassung der alten Hilfsmittel an die neuen Anforderungen. Steigeisen und Felshaken wurden erfunden. Mit ihnen traten jene Leute auf den Plan, die das Schlagen von Haken als eine Profanierung bezeichneten (dabei billigten sie wahrscheinlich ruhig den Einsatz gar nicht absolut notwendiger Steigeisen). Der Österreicher Paul Preuß wurde zum Symbol dieser Moralisten.

Damit sind wir an einem Wendepunkt der ethischen Definition des Alpinismus angelangt. Gegensätzliche Ansichten tauchen auf und bringen sowohl ihre Propheten als auch ihre Jünger hervor.

Die seit kurzem in Gebrauch stehenden Haken werden mit einem Hammer in natürliche Risse der Felsen eingetrieben: zuerst als Sicherungsmittel und dann, mit dem Angehen größerer Schwierigkeiten, als Hilfe zur Fortbewegung. Die Hakentechnik erlaubt es dem Bergsteiger, sich sozusagen an jeden Berg der Welt zu wagen. Immerhin bewahrten die Gipfel — und das ist wesentlich — den Zauber des Geheimnisvollen, des Unmöglichen, und weder der Kampfgeist, der die Berge mit ebenbürtigen Waffen besiegen will, noch die ‹Triebfeder› Freude am Risiko und Ungewissen wurde durch die aufkommenden Haken je ausgemerzt. Damals, in der ersten Hälfte des zwanzigsten Jahrhunderts, stand das klassische Bergsteigen in seiner goldenen Epoche. In ihr kamen die schöpferischen und humanen Werte voll zum Ausdruck, und deshalb ist sie unvergänglich geblieben. Noch heute erwächst aus jener Epoche dem Bergsteiger eine große moralische und physische Kraft, ein unbeugsamer Wille, ein bewußter Wagemut, ein kalt berechnendes Denkvermögen, eine intelligente und besonnene Logik und — nicht zuletzt — auch Sinn für Poesie.

Die «Mechanisierung» kennzeichnet die dritte, heutige Epoche des Bergsteigens. Viele der Bergsteiger bekennen sich zu ihrer Ausdrucksform. Im Gepäck dieser Athleten der Berge finden sich Geräte, die aus dem Baugewerbe stammen: Expansions- und Spreizhaken (zum Eintreiben in vorgebohrte Löcher), Bohrer (einfache Handbohrer oder solche, die von einem mitgetragenen Kompressor angetrieben werden), und dann Hängematten, Funksprechgeräte, Flaschenzüge und Unmengen an Reepschnüren, die — einer Nabelschnur vergleichbar — den Kletterer mit dem Wandfuß in Verbindung halten, damit er fortlaufend mit den nötigen, oft auch mit entbehrlichen Dingen versorgt werden kann.

Die Technik hält den Bergsteiger fest in der Hand. Der Mensch ist in der Tat mit allem ausgerüstet, um eine Wand voller Schwierigkeiten mit mathematischer Sicherheit zu bezwingen. Nachdem die Expansionshaken und ihr Zubehör aufgetaucht sind, vermochte kein Überhang den Besteigungsversuchen mehr zu widerstehen. Wieder einmal hat die Technik den Menschen überlistet und gedemütigt. Ohne Zweifel ermöglicht das technische Klettern kühne athletische Leistungen, aber die ureigenste Bedeutung einer Besteigung ist verlorengegangen. Damit erübrigt sich jede Diskussion über ein heroisches Bergsteigen.

Weshalb sind die Tätigkeiten des modernen Menschen von so viel Dekadenz gezeichnet? Ganz einfach, weil das Leben jeden Tag schlechte Beispiele gibt. Wir sind mehr auf die Gegenwart als auf die Zukunft und noch weniger auf die Vergangenheit ausgerichtet; der jetzige Mensch hat einen neuen Mythos geschaffen, der paradoxerweise die überlieferten Mythen zerstört. Vielleicht ist das eine neue Form des Heldentums? Ich persönlich lehne es ab, aber bestimmt werden sich andere damit befreunden. Wie es auch immer sei, diese Individuen zerstören den Mythos um des Zerstörens willen.» Das Wort «unmöglich» ist heute zu einem Begriff geworden, der herausfordernd und störend wirkt. Vielleicht haben die neuen Alpinisten nur deshalb gewisse technische Details entwickelt, um das Wort «unmöglich» aus ihrem Vokabular zu streichen.

Was nun meine Auffassung vom Alpinismus betrifft, so zeigt sie sich klar in jeder meiner Begehungen, selbst in meiner Lebensart. Die klassische Bergsteigerei hat mich von jeher inspiriert, denn sie entspricht meinem Temperament und meinen Ansprüchen ganz genau. Ich begehe Wege, die von der Tradition angelegt worden sind, von einer Tradition, die Opfer, Leiden und – warum nicht? – auch Liebe einschließt. Auf diesem Pfad habe ich versucht vorwärtszukommen. Ich habe die Regeln eines Spiels unverfälscht beibehalten, die sehr wohl ihre Existenzberechtigung haben, denn sie gestatten zu gewinnen, ohne daß man die Karten um jeden Preis zinken muß. Aus diesen Gründen haben einige meiner bergsteigerischen Unternehmen den Charakter einer Stellungnahme gegen jede Form der Entartung des Alpinismus angenommen.

Die Nordwand der Grandes Jorasses

Im Zuge einer natürlichen Fortentwicklung hat sich im Alpinismus das Problem eines Winterdurchstiegs der höchsten, schwierigsten und bedeutendsten Nordwände gestellt – ein Bergsteigen in der kältesten Jahreszeit, mit spärlicher Sonne und kurzen Tagen, in einer erbarmungslosen, konstant vereisten Natur. Das sind die neuen Dimensionen der alpinistischen Leistungen in den sechziger Jahren. Die Alpen weisen schätzungsweise den vierten Teil aller existierenden Nordwände auf, und alles, was Nordwände einem Kletterer überhaupt bieten können, findet sich in einem stolzen Trio vereint: Eiger, Matterhorn und Grandes Jorasses. Drei hohe und faszinierende Wände, die dazu geschaffen scheinen, die großartige Schönheit, die Geschichte und die Schwierigkeit der Alpenbezwingung zu symbolisieren.

Im März 1961 wurde die Eiger-Nordwand von vier Deutschen durchstiegen, im Februar 1962 die Matterhorn-Nordwand von zwei Schweizern. Während die Deutschen ihren Durchstieg in zwei Ansätzen durchführten, schafften es die beiden Schweizer in einem brillanten, klassischen Stil. Die Nordwestwand der Grandes Jorasses, die schwierigste und eindrucksvollste der drei Wände, widerstand dagegen den verschiedenen Angriffen. Die Mißerfolge ließen dann unter den Anwärtern die Überzeugung reifen, daß für diese Wand nur die Anwendung der Himalaja-Technik Erfolg versprechen könne, ein expeditionsmäßiges Vorgehen, wobei einzelne Gruppen die stufenweise Ausstattung des Aufstiegs mit Haken und festen Seilen besorgen und die Etappenlager einzurichten haben. Ein solches Unternehmen wurde 1962, in der zweiten Märzhälfte, von vier Bergsteigern aus drei verschiedenen Nationen ins Werk gesetzt und endete mit einem Mißerfolg. Nach vier Tagen harter Bemühungen war man erst am Fuß des Walkersporns. Ich weiß nicht, was diese Leute zum Abbruch des Unternehmens bewogen hat, aber es bestärkt die in mir tief verwurzelte Überzeugung, daß eine Winterbegehung dieser Wand nur im Sinne des klassischen Bergsteigens zu verantworten ist. Welchen Sinn kann es haben, eine Wand wie jene der Grandes Jorasses mit allerhand Kniffen zu durchsteigen? Man würde weiter nichts erreichen als ihr den Reiz des Unmöglichen und Unbekannten zu rauben.

Noch nie haben sich im Bergsteigen die moralischen Prinzipien so der Mode unterworfen wie in dieser letzten Zeit. Strebertum hat auch Kletterfexen erfaßt, die sich nun nicht scheuen, gelegentlich ihre Systeme als «fortschrittlich» zu bezeichnen. Vielleicht ist es sogar einer gewissen Naivität zuzuschreiben, daß sie ihre kläglichen Kompromisse unter dem Modebegriff «Fortschritt» verstanden haben wollen.

Ich lehne es ab, in den Bergen mit Menschen in Wettbewerb zu treten. Aus diesem Grund habe ich bisher dem Wettrennen um die winterlichen Nordwände ferngestanden, obschon ich mir eine solche Begehung ersehne. Die stets wachsende Mittelmäßigkeit im Bergsteigen stößt mich dermaßen ab, daß ich mir geschworen habe, die echte Tradition zu verteidigen.

Für dieses Jahr ist der Winter vorbei, aber der nächste wird mich bestimmt auf der Nordwand der Grandes Jorasses sehen. Es ist ein geheimer Vorsatz, aber es sickert durch, daß nach dem Mißerfolg der «Himalajaner» sich mein Name doch auf der immer länger werdenden Liste allfälliger Anwärter auf die «unmögliche» Nordwand befindet. Ich fühle viele Augen auf mich gerichtet und weiß, daß zwischen Genf, Paris, Chamonix, Grindelwald und München telephonische Informationen über mich ausgetauscht werden.

Es gibt eine Art, die Konkurrenz zu schlagen, indem man sie überrascht. Ich beginne schon im Herbst, ganz im geheimen, eine gründliche physische und psychische Vorbereitung aufzubauen. Ich kenne den Walkerpfeiler, da ich ihn im Sommer schon vor vierzehn Jahren begangen habe. Vor allem aber kenne ich die Grenzen meiner Widerstandskraft gegen Kälte, Müdigkeit und Abgeschiedenheit im Hochgebirge; das in Betracht zu ziehen, ist erste Voraussetzung, wenn man an ein Unternehmen in diesem Ausmaß denkt. Als Gefährte in dieser Begehung werde ich wiederum Cosimo Zappelli bei mir haben, denn ich darf von ihm ein ausgezeichnetes «Teamwork» erwarten. Die perfekte physische Kondition erhalte ich nicht durch das Erklettern schwieriger Felsformationen, sondern durch Skifahren. Wer mich kennt, wird verblüfft sein, mich als eifrigen Besucher des Skigeländes anzutreffen. Die Überraschung wird aber noch größer sein, wenn man mich erst einmal in der Nordwand der Grandes Jorasses weiß. Die Irreführung gelingt mir vollkommen.

Gegen Weihnachten scheint mir die Nordwand in guter Verfassung. Um den Anmarsch zu tarnen, täusche ich eine Skitour mit drei Freunden zum Mer de Glace vor. An einem bestimmten Punkt trennen wir uns. Während die andern den Gletscher hinunter weiterfahren, verbleibe ich mit Zappelli in der sogenannten Leschaux-Hütte. Bis vor acht Jahren war sie eine behagliche Unterkunft in einem bezaubernden Winkel des Montblanc-Gebietes. Aber eine riesige Lawine hat sie zum größten Teil zerstört, so daß nur wenige Balken und Wellbleche übriggeblieben sind. Es handelte sich also eher um einen Orientierungspunkt als um eine Hütte. In den irgendwie bewohnbar gemachten Überresten kann man sich wohl gegen den Wind, aber nicht gegen den eindringenden Pulverschnee schützen.

An diesem Abend verschlechtert sich das Wetter, und wir kehren im dichten Schneegestöber nach Chamonix zurück. Ich will meinen Plan noch immer geheimhalten und kann deshalb nicht in mein Haus nach Courmayeur. Infolge des Schneefalls stehen die Seilbahnen über die Gletscher außer Betrieb. In wenig glorioser Weise erreichen wir Chamonix zu Fuß durch den im Bau befindlichen Montblanc-Tunnel.

Ein schneereicher, harter Winter hat seinen Anfang genommen. (Nach Aussagen der Meteorologen war es der schlimmste in den letzten fünfzig Jahren.) Er ist sicher nicht geeignet, um ein Unternehmen von dieser Tragweite zu wagen, aber «die Würfel sind gefallen», und ich will mich nicht mehr zurückziehen. Im Januar tritt endlich wieder schönes Wetter ein, aber es bringt Temperaturen, die selbst einen Sibirier schaudern machen könnten. Immerhin strahlt die Sonne, das Barometer steht hoch, die Meldungen aus Frankreich und der Schweiz stellen beständiges Wetter in Aussicht. Es ist Dienstag, der 22. Januar, als ich den Aufbruch für den folgenden Morgen um sieben Uhr festsetze. Zappelli trifft pünktlich zur verabredeten Zeit bei mir ein, doch sein Gesicht ist verzerrt, und er sagt: «Ich kann den Schmerz nicht mehr aushalten! Ich habe einen Abszeß unter einem plombierten Zahn.» In seinem ohnehin runden Gesicht ist die eine Backe enorm angeschwollen. Seine Augen verraten eine lange schlaflose Nacht. Das ist ein harter Schlag. Statt der Gletscherseilbahn nehmen wir sofort die Straße nach Aosta, zum Zahnarzt, unter die Füße. Nachdem die Krone entfernt ist und Zappelli Antibiotika eingenommen hat, scheint das erwartete Wunder einzutreffen. Am gleichen Tag fahren wir mit dem Fünfzehn-Uhr-Kurs der Seilbahn ab. Aber Höhe und Kälte sind die schlimmsten Feinde kranker Zähne, und in der Turiner-Hütte geht es wieder los. Wie kann man mit einem Gefährten in dieser Verfassung weitergehen? Alles scheint sich gegen uns verschworen zu haben: nach anderthalb Monaten Wartezeit, gerade jetzt im Moment des Aufbruchs, zerbricht mir alles in der Hand. Zuerst das Unwetter, das kein Ende nehmen wollte, und jetzt dieser unglückliche Zwischenfall. Ich platze beinahe vor Wut. Zappelli, der Arme, leidet und schaut mich stillschweigend an: er ist verzweifelt, aber er will nicht aufgeben. Es vergeht eine Stunde. Nun, wir könnten uns noch für eine Umkehr entscheiden und alles um einen oder zwei Tage verschieben. Es stehen jedoch viele Anwärter auf eine erste Winterbegehung der Grandes-Jorasses-Nordwand bereit; wenn wir lange aufschieben, werden wir bestimmt jemanden zwischen die Füße bekommen. Was machen? Nach einer Weile, ich weiß nicht, was mich dazu drängt, schnallen wir uns die Skier an und fahren zum Mer de Glace ab.

Die Sonne ist am Untergehen. Der Dru vor uns ist in rotes Licht getaucht, während die tiefer verlaufenden Grate im violetten Himmel zerfließen. Es herrscht eine beklemmende, von Spannungen erfüllte Stille. Wer weiß: vielleicht müssen wir morgen diese Schneehänge, über die wir nun hinunterflitzen, wieder mühsam erklimmen! Wir verlassen das Mer de Glace bei der großen Biegung, um in der Abenddämmerung über den Leschaux-Gletscher aufzusteigen. Die Kälte wird immer durchdringender. Zappelli wird in fast regelmäßigen Abständen von einem akuten Stechen im kranken Zahn befallen. Automatisch gehen wir unsern Weg und verweigern es uns strikte, an eine

Bonatti beendet «die lange Querung» auf der Ostwand des Pilier d'Angle. ▷

74

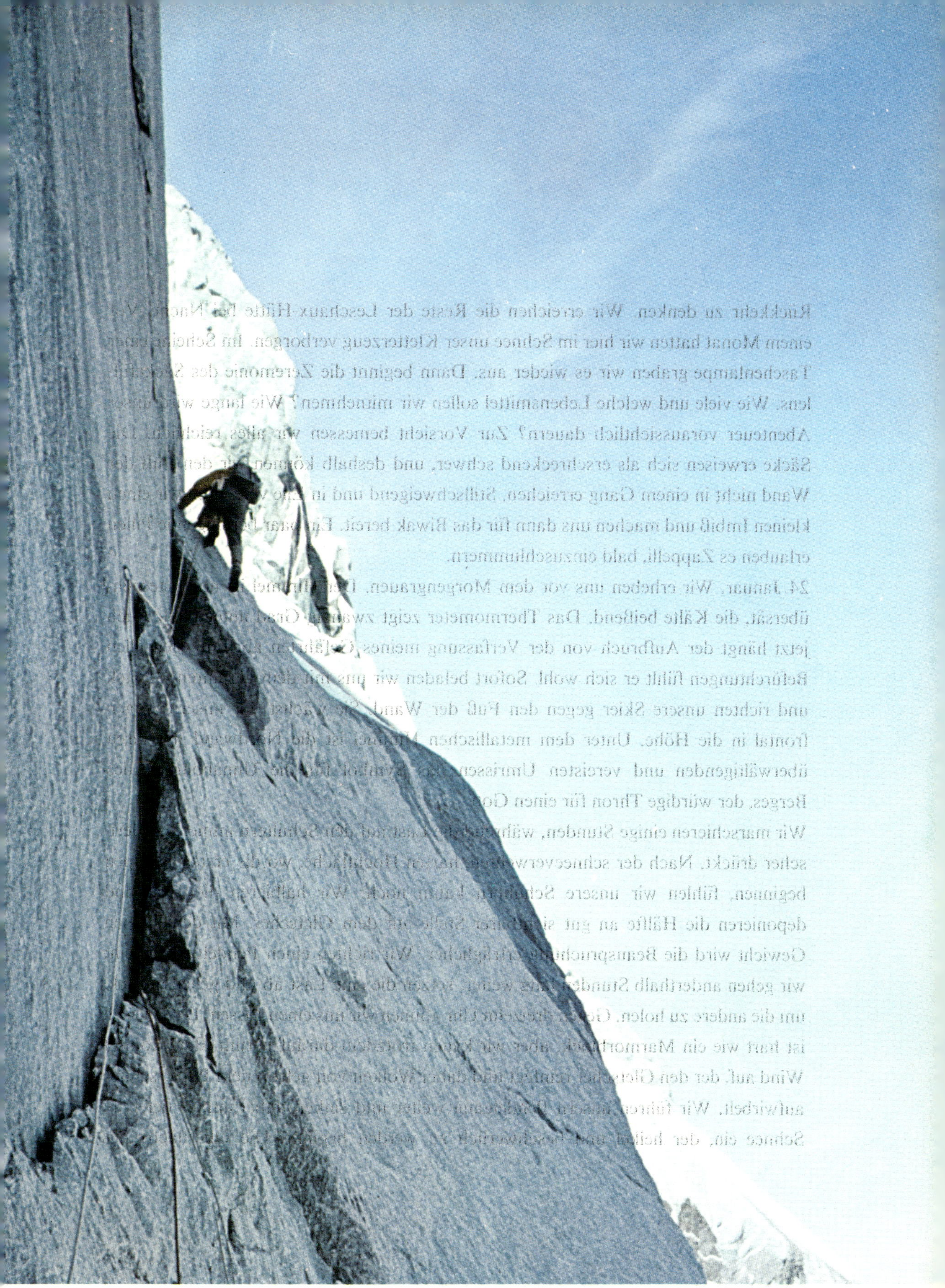

Rückkehr zu denken. Wir erreichen die Reste der Leschaux-Hütte bei Nacht. Vor einem Monat hatten wir hier im Schnee unser Kletterzeug verborgen. Im Scheine einer Taschenlampe graben wir es wieder aus. Dann beginnt die Zeremonie des Säckefüllens. Wie viele und welche Lebensmittel sollen wir mitnehmen? Wie lange wird unser Abenteuer voraussichtlich dauern? Zur Vorsicht bemessen wir alles reichlich. Die Säcke erweisen sich als erschreckend schwer, und deshalb können wir den Fuß der Wand nicht in einem Gang erreichen. Stillschweigend und in Eile verzehren wir einen kleinen Imbiß und machen uns dann für das Biwak bereit. Ein paar beruhigende Pillen erlauben es Zappelli, bald einzuschlummern.

24. Januar. Wir erheben uns vor dem Morgengrauen. Der Himmel ist noch sternenübersät, die Kälte beißend. Das Thermometer zeigt zwanzig Grad unter Null. Auch jetzt hängt der Aufbruch von der Verfassung meines Gefährten ab. Entgegen allen Befürchtungen fühlt er sich wohl. Sofort beladen wir uns mit dem gesamten Gepäck und richten unsere Skier gegen den Fuß der Wand. Sie wächst vor unsern Augen frontal in die Höhe. Unter dem metallischen Himmel ist die Nordwand mit ihren überwältigenden und vereisten Umrissen das Symbol für die Unnahbarkeit des Berges, der würdige Thron für einen Gott.

Wir marschieren einige Stunden, während die Last auf den Schultern immer mörderischer drückt. Nach der schneeverwehten, harten Hochfläche, wo die ersten Rampen beginnen, fühlen wir unsere Schultern kaum noch. Wir halbieren die Last und deponieren die Hälfte an gut sichtbarer Stelle auf dem Gletscher. Mit dem halben Gewicht wird die Beanspruchung erträglicher. Wir richten einen Pendelverkehr ein: wir gehen anderthalb Stunden lang weiter, setzen die eine Last ab und gehen zurück, um die andere zu holen. Gegen dreizehn Uhr gönnen wir uns einen Bissen. Das Fleisch ist hart wie ein Marmorblock, aber wir kauen trotzdem darauf herum. Bald kommt Wind auf, der den Gletscher reinfegt und dabei Wolken von gefrorenem Pulverschnee aufwirbelt. Wir führen unsern Pendelgang weiter und sinken dabei immer tiefer im Schnee ein, der heikel und beschwerlich zu werden beginnt. Die Oberfläche des verharschten Schnees muß Schritt für Schritt durchbrochen werden, damit die Skier einen guten Halt bekommen. Wir schauen uns um. Es scheint fast unglaublich, daß nur wir beide allein am Einstieg der Wand sind, die von den besten Kletterern der Welt begehrt wird. Aber wir entdecken keine lebende Seele. Gestern abend hatten wir einige Skispuren in der Richtung auf die Leschaux-Hütte bemerkt. In der Dämmerstunde gelangen wir an den Fuß der großen Nordwand. Die Umgebung erscheint mir doppelt schön, weil es uns gelungen ist, das ganze Gepäck hier heraufzubringen, und weil Zappelli völlig wiederhergestellt ist. Wir ebnen einige Quadratmeter Schneefeld im Schutze eines mächtigen Eisturmes und errichten das, was man ein Anmarschbiwak nennen könnte. Der Abend bricht an, und wir sind müde. aber das hindert uns nicht, die Randkluft einer Prüfung zu unterziehen, damit wir uns ein Bild über ihren Zustand machen können. Der Zustieg, eine blanke, smaragdgrüne Eisplatte, ist schroff. Ich steige einige Meter hoch. Für jeden Schritt muß ich einige Kubikdezimeter Eis auskratzen, damit ich den Fuß abstellen kann.

Sonnenuntergang und Dunkelheit treten fast gleichzeitig ein; wir werden davon beim Prüfen der unerbittlichen Mauer aus der Froschperspektive überrascht. Über uns erheben sich die zweitausendachthundert Meter Steilwand. Sie ist schon im Sommer äußerst schwierig zu begehen und in ihren winterlichen Aspekten noch absolut unerforscht. Wir müssen damit rechnen, bei jedem Meter auf unvorhersehbare, vielleicht unüberwindliche Schwierigkeiten zu stoßen. Eine Begehung dieser Art erheischt mehrere Tage und birgt alle Gefahren, die eine Wetterverschlechterung mit sich bringt. Die Gewißheit, daß wir sorgfältig vorbereitet sind, beruhigt mich, aber ich wünsche mir doch jenes Zipfelchen Glück, das für jedes wagemutige Unternehmen unentbehrlich ist. Auch wenn ich anderswo hinschaue, fühle ich, wie die Nordwand auf mir lastet. Ich überrasche mich dabei, sie zu befragen und ihr meine Hoffnungen anzuvertrauen, als wäre sie ein lebendiges Wesen. Sie scheint mir damit zu antworten, indem sie mir selbst in der Nacht die frostigen, undurchdringlichen Formen zeigt: eine unermeßliche Sphinx aus Eis.

Wir kehren zu unserer Zuflucht auf der Schneeterrasse zurück, und die lange Biwaknacht nimmt ihren Anfang. Wir verleben sie in unruhigem Halbschlaf. Gegen Mitternacht erhebt sich ein steifer und aufreizender Wind. Das Morgengrauen, das wir sehnlichst erwarten, wird uns von der Qual befreien.

In der Morgenröte treffen wir gerade die letzten Anstalten zum Aufbruch. Das am meisten gebrauchte Material wird in die Rucksäcke gesteckt. Der Rest kommt in einen großen zylindrischen Leinensack, der Meter um Meter am Seil nachgezogen wird. Dann seilen wir uns an. Der eigentliche Angriff auf die Nordwand kann beginnen. Es ist acht Uhr dreißig, Morgen des 25. Januar.

Ich setze den ersten Sicherungshaken und schlage in strenger Arbeit, die mehr als eine Stunde beansprucht, Stufen in den Eishang. Ich empfinde sogleich ein Unbehagen; einerseits trägt der strenge Frost dafür die Schuld, der meine Beweglichkeit beeinträchtigt, und andererseits stört mich die hochgradige Brüchigkeit des Eises, das unter jedem Pickelschlag wie Glas zersplittert. Ohne zusätzliche Vorsichtsmaßnahmen würde ich wahrscheinlich trotz der geschlagenen Stufen abstürzen. Ich steige etwa vierzig Meter schräg auf. Mit jedem Tritt erlange ich größere Behendigkeit und festeres Vertrauen. Auch der Berg scheint mir für einen Augenblick zuzulächeln; er läßt mich einen gelblichen Ausschnitt des sonnenbeschienenen Gipfels erhaschen. Bevor mir Zappelli nachkommt, hat er, wie verabredet, den zylinderförmigen Leinensack von der Wand abzustoßen. Über Eis und Fels balancierend, ziehe ich den pendelnden Sack zu mir herauf. Dieses Manöver wiederholt sich den Tag über unzählige Male. Wir sprechen ganz wenig miteinander, aber wir verstehen uns trotzdem. Der Wind hat sich endlich beruhigt. Es herrscht eine polare Kälte, und die Luft schmeckt nach Metall. Ich bin dabei, auf einen nicht sehr abschüssigen Felssockel zu klettern, was ich noch mit den Handschuhen bewerkstelligen kann, aber ich bin mir bewußt, daß ich sie sehr bald

Die eindrucksvolle Szenerie der Brenva mit Trident, Chandelle, Petit Clocher und Grand Capucin. ▷

werde ausziehen müssen, um mit nackten Händen weiterzuklettern. Die Stunden vergehen, ohne daß wir es bemerken. Das fast eintönige Vorgehen läßt uns Hunger und Durst vergessen. Die Ruhe wird indessen unvermittelt durch ein Ereignis unterbrochen. In die Grabesstille hier am Berg dringt plötzlich das ferne Brummen eines Motors. Kurz darauf taucht am Himmel über Chamonix ein dunkles Pünktchen auf, das in der Sonne hin und wieder wie ein Stern aufleuchtet. Sehr bald nimmt es die Form eines Hubschraubers an, der direkt auf uns zufliegt. Ich erinnere mich nun, daß mir Freund Mario De Biasi gesagt hatte, daß er uns am dritten Tag in der Wand aufsuchen würde. Er hat sein Versprechen gehalten. Er fliegt einige Kehren, um die Luftbewegungen zu erkunden. Dann nähert sich die winzige Libelle unserer Wand. Unter dem Plexiglasgehäuse erkennen wir unsern Freund, der uns mit der Hand winkt. Wir sind vor Rührung wie gelähmt. Zappelli hat Tränen in den Augen, und mir gelingt es nur mühsam, sie zurückzuhalten. Dieses Zusammentreffen mit De Biasi bringt uns zum Bewußtsein, wie weit wir uns von den Menschen entfernt haben. Ein fast unüberwindlicher Abgrund, im eigentlichen Sinne des Wortes, trennt uns von allem. Nach der anfänglichen Freude überfällt uns das Gefühl totaler Vereinsamung.

Der Helikopter entfernt sich, und die Stille senkt sich wieder über uns. Wir steigen weiter, aber jetzt ertappe ich mich dabei, wie ich mit wachsender Sehnsucht zu unsern Skiern, die am Wandfuß im Schnee stecken, hinunterblicke. Auch sie sind, wie wir, lebendige Fremdkörper in dieser menschenfeindlichen, erbarmungslosen Landschaft. Die Nordwand der Jorasses liegt so, daß man von ihr aus nicht den kleinsten Ausschnitt der bewohnten Welt erblicken kann. Das Heulen der Stürme, das Krachen der Lawinen und der Einschlag des Blitzes — das sind die einzigen Laute, die hier zu vernehmen sind. Wer die Wand im Winter besteigt, kann sich leicht vorstellen, wie es in der öden Antarktis oder auf einem Planeten ohne Leben aussieht.

Unterdessen sind wir bis an den großen Eisabbruch herangekommen. Der schwere Sack wird nun zur eigentlichen Plage. Durch die ständige Reibung am Fels ist er an mehreren Stellen zerschlissen. Ich fürchte, daß er nicht mehr lange halten wird.

Gegen Abend glaube ich das Krächzen einer Krähe zu hören. Ich möchte es gerne glauben, aber in dieser Gegend scheint ein Vogel doch zu unwahrscheinlich. Aber die Krähe ist da und scheint unsere Gesellschaft zu schätzen. Schwarz und scheu, schwebt sie im Einklang mit der Luftströmung auf und ab. Ab und zu verbleibt sie unbeweglich im blauen Äther, um dann plötzlich, in unerhörter Eleganz, Kreise und Spiralen zu fliegen. In lautlosem Flug, mit weitgeöffneten Flügeln, schwebt sie immer wieder an uns vorbei. Hin und wieder läßt sie ein heiseres Gekrächze hören, als ob sie sich an diesem im leeren Himmel widerhallenden Gequäcke selbst ergötzen wollte.

Man sagt, daß Krähen ein Unglück verheißendes Omen seien. Ich glaube nicht daran; mir ist ihre Anwesenheit, hier an diesem Ort, eine echte Freude.

Das Licht schwindet rasch, und der neblige Schatten der Nacht fällt über uns herein, während wir noch nach einem guten Biwakplatz Umschau halten. Ich suche beharrlich, und es ist schon dunkel, als es mir gelingt, einen gut sitzenden Sicherungshaken über zwei schmalen Vorsprüngen einzutreiben; von der Eiskruste befreit, werden sie uns als Lagerstätten dienen. Wir stehen jetzt auf ungefähr 3200 Meter. Nach kurzen Vorbereitungen setzen wir uns und lassen die Beine über dem Abgrund baumeln. Wir knoten uns Seilschlingen um die Hüften und hängen sie am Sicherungshaken ein. Das Wetter gibt zu keinen Bedenken Anlaß. Der Himmel ist von Sternen übersät und die Temperatur entsprechend niedrig. Obwohl wir uns nur sehr mühsam bewegen können, gelingt es uns, den Gaskocher aufzustellen, um ein warmes Getränk zu bereiten. Wir trinken es schon in lauwarmem Zustand, um Gas zu sparen.

Im Morgengrauen des Samstags ist das Barometer um einige Millimeter gefallen. Innert kurzer Zeit überzieht sich der Himmel mit feinen, perlmutterfarbigen Schleiern, die langsam nach Süden abtreiben. Der Wind ist noch günstig; mir scheint, die Störung gehe vorbei, aber leider wird es nicht so sein. Die Vorbereitungen für den Aufbruch nehmen uns länger als vorgesehen in Anspruch. Erst um neun Uhr dreißig können wir die Kletterei wiederaufnehmen. Etwa siebzig Meter weiter oben wartet die erste große Schwierigkeit der Wand auf uns: der Allain-Riß. Doch heute sollten wir, entgegen unseren Absichten, den Riß bloß sehen. Gegen Mittag zerfetzt der Sturm die kompakten Wolken, und bald blockiert uns ein heftiger Schneesturm auf einem schmalen Absätzchen schon unterhalb der schwierigen Passage.

Der Wind bläst uns den wirbelnden Schnee direkt ins Gesicht, so daß wir die Augen nicht offenhalten können. Der feine Schneestaub dringt überall ein, sogar ins Innere unserer Biwaksäcke, die hermetisch zugemacht sind. Ein Gefühl der Mutlosigkeit befällt mich, denn ich rechne damit, daß wir die Begehung abbrechen müssen. Der ganze Nachmittag vergeht, ohne daß ich es gewagt hätte, einen Entschluß zu fassen. Dann bricht die Nacht herein, und der Sturm wütet unvermindert weiter. Das überaus heftige Schneegestöber hindert uns daran, zur Erledigung dringender Bedürfnisse die Hüllen zu verlassen. Wir widerstehen dem Drang die ganze Nacht über, haben aber am folgenden Tag bei der Operation etliche Beschwerden zu ertragen.

Es ist Sonntagmorgen. Diesiges Licht, heulender Wind, wirbelnder Pulverschnee. Da das Unwetter anhält, wäre es wohl das klügste, die Begehung abzubrechen. Aber die Wand hat mich zuviel angstvolle Unruhe gekostet; ich kann mich mit dem Verzicht einfach nicht abfinden. Das ausgezeichnete Biwakzeug erlaubt es, die verdrießliche Entscheidung um weitere vierundzwanzig Stunden aufzuschieben. Um meinen Trübsinn besser zu verbergen, versuche ich es mit einem Witz: «Warum gerade heute absteigen, es ist doch Sonntag?» frage ich Zappelli und hoffe, daß meine Worte fröhlich tönen.

Gegen Morgengrauen fällt die Temperatur bis gegen dreißig Grad unter Null. Am frühen Nachmittag tritt dann eine fühlbare Erwärmung ein. Der Wind läßt nach, und vor dem Abend steigt das Barometer um fünf Millimeter. Unsere Ausdauer wird belohnt. Die Gewißheit, den Aufstieg fortsetzen zu können, gibt uns Mut und Heiterkeit zurück. Nachdem wir unserer Freundin, der Krähe, eine gute Nacht gewünscht haben, machen wir uns bereit, das dritte Biwak durchzusitzen.

Das vierte Morgengrauen seit wir in der Wand sind findet uns noch auf 3300 Meter.

Bonatti und der Eisriese. ▷

Seit über dreiundvierzig Stunden hängen wir an unserem Sicherungshaken. Im Verlaufe der Nacht ist mir eine Idee gekommen, wie wir unser Klettertempo erheblich beschleunigen könnten. Der große Transportsack behindert unsern Aufstieg sehr. Nachdem wir Nahrungsmittel für drei Tage entnommen haben, lassen wir ihn an einem Haken hier zurück. Damit setzen wir die Frist fest, innert welcher wir die überragenden neunhundert Meter Wand bezwingen müssen. Nach dem Barometerstand zu schließen, steht für einige Tage gutes Wetter bevor. Wohl sind unsere Rucksäcke jetzt schwerer geworden, aber wir verlieren nun keine Zeit mehr, um den großen Leinensack nachzuhissen.

Etwa um acht Uhr sind wir marschbereit. Der Allain-Riß erheischt sofort meinen ganzen Einsatz, denn meine Muskeln sind von der unfreiwilligen zweitägigen Untätigkeit noch ganz steif. Ich muß ohne Handschuhe klettern. Bei der ersten Berührung mit dem Fels und den eisernen Haken ist es, als ob ich glühende Gegenstände ergreifen würde. Im Eifer des Gefechts nimmt Zappelli einen Haken zwischen die Lippen. Er reißt ihn sofort wieder weg, aber — oh weh! — es ist zu spät; die geschwollenen Lippen sind aufgerissen und bluten heftig. Bei einer solchen intensiven Kälte können Gesten, die normalerweise bedeutungslos sind, schwerwiegende Folgen haben. Die Zeitungen melden an diesem Tage (ich lese es bei meiner Rückkehr), daß eine Welle kalter Polarluft die italienische Halbinsel überflutet habe. Selbst im tiefliegenden Gebiet von Modena werden fünfundzwanzig Grad unter Null gemessen.

Das Übersteigen des Allain-Risses, eine Strecke von nur dreißig Metern, erheischt zwei Stunden harter Anstrengung. Nun ist die Wand wieder glatt und überhängend. Die Haken dringen nur schwer in die vereisten Risse ein. Das Gewicht der Säcke reißt den Körper von der Wand. Die beinahe gefühllosen Finger vermögen ihren Dienst kaum noch zu tun. Die Ausrüstung vermindert unsere Beweglichkeit. Unter uns gähnt der über dreihundert Meter tiefe Abgrund.

Aber auch diese kritische Phase wird überwunden, und unser Leistungsvermögen bessert sich. Es erwartet uns nun ein langer Hang aus blankem Eis, der mir eine harte

Pickelarbeit aufzwingt. Auf diese Art kann ich mich erwärmen und meine normale Gelenkigkeit wiedergewinnen. Um elf Uhr dreißig bin ich dabei, die zweite große Schwierigkeit anzugehen: eine Verschneidung von neunzig Metern Höhe. Hier herrschen seltsame Gegensätze im Fels; vollkommen schneefreie Stellen wechseln ab mit verkrusteten Zonen, wo selbst die überhängenden Partien mit lockerem Schnee bedeckt sind. Glücklicherweise bin ich auf der Suche nach Rissen und Griffen nur selten genötigt, solche Stellen freizulegen. Ausholende Spreizschritte erlauben es mir mehr als einmal, überkrustete Felsen zu vermeiden; es ist eine rasche, akrobatische Kletterei, bei welcher ich ständig über dem Abgrund hänge.

Auf diese Weise bringe ich es fertig, schon nach zwei Stunden aus der Verschneidung auszusteigen. Wir gelangen auf glattgeschliffene Platten, die fast durchgehend mit Eis überzogen sind. Unsere geistigen und physischen Kräfte haben jetzt jenen günstigen Stand erreicht, der uns vor nichts mehr zurückschrecken und uns weder das Gewicht der Säcke noch die Kälte spüren läßt. Wir vergessen sogar das Essen und denken nicht mehr daran, daß wir seit fünf Tagen nicht mehr richtig geschlafen haben. Das Wetter ist schöner denn je. Wir fühlen unsern «Gnadenzustand», und zum erstenmal fühle ich innerlich, daß wir es nun schaffen werden.

Um vier Uhr sind wir, auf 3600 Meter, unter der famosen Pendelpassage, die als Schlüsselstelle der gesamten Begehung gewertet wird. Glatte, überhängende Felsplatten machen das Weiterkommen mit den normalen Klettermitteln unmöglich. An einem Seil, das in einen Haken eingeklinkt ist, gleite ich etwa zehn Meter ins Leere hinunter. Dann, das Seil umklammernd, setze ich mich in Pendelbewegung. Das Hin- und Herschwingen führe ich in einer Art Halbkreis unter immer heftigeren Stößen so lange durch, bis ich im Flug ganz rechts den durchbrochenen Fels erreiche und mich daran festkrallen kann. Dort klettere ich hoch, bis ich einen Absatz erreiche. Mein Gefährte, durch das zu mir laufende Seil unterstützt, tut das gleiche. Dann ziehe ich das Pendelseil ab. Dies ist ein aufregender Moment, denn man ist allgemein der Meinung, daß damit jede Rückzugsmöglichkeit endgültig ausgeschlossen wird. So haben denn auch wir «alle Brücken abgebrochen» und sind auf uns allein gestellt. Wir sind jetzt von einem solchen Elan erfüllt, daß wir uns geradezu nach oben katapultiert fühlen, und diese Begeisterung wird uns bestimmt nicht so bald verlassen. Die untergehende Sonne taucht die umliegenden Gipfel in Feuer und verlöscht langsam wie eine Kerze. Wir aber steigen immer noch weiter. Vierzig Meter über der Pendelstelle befreien wir eine Felsplatte von ihrer Eiskruste. Nachdem wir uns fachgemäß verankert haben, richten wir uns einer neben dem andern, sozusagen stehend, zur Nachtruhe ein. Vor der violetten Blässe des Horizonts beginnen sich die ersten Schatten der Nacht zu zeigen; sie steigen langsam wie dunkles Wasser, das alles überflutet, vom Talgrund auf. Dann flackern die ersten Sterne, und in Kürze stehen sie zu Tausenden funkelnd am kobaltfarbenen Himmel. Unser Standort, knapp über dem Abgrund, gewährt uns nicht die kleinste Bewegungsfreiheit. In die Höhe blickend, erkenne ich die dunkle Masse der gefürchteten «Schwarzen Platten». Ein weiterer Tag ist vergangen, und eine weitere Nacht bricht an. Wir essen geräucherten Speck, einige Biskuits und etwas getrocknete Früchte. Hinter einer Felsschuppe habe ich den Kocher eingezwängt, den ich mit meinem Arm gegen den Wind schütze. Auf dem armseligen Flämmchen lasse ich ein paar Handvoll Schnee schmelzen, und mit etwas Zucker versüßt ist dieses Wasser unsere beste Labung. Ich muß den kleinen Gasbehälter unter den Kleidern an meiner Brust wärmen, denn die Kälte blockiert die Austrittsdüse für das Gas.

In diesen Tagen kehrt meine Erinnerung häufig zu meiner einstigen Sommerbegehung dieser Wand zurück. Ich war damals neunzehnjährig, und mit meinem damaligen Seil-gefährten, Andrea Oggioni, kamen wir zusammen auf knapp achtunddreißig Jahre. Wir waren unbekannte und unbeachtete Kletterer. Trotzdem wagten wir uns an eine Wand heran, die zu den schwierigsten Wänden der Welt gezählt wird. Vor uns war sie (seit 1938 die Seilschaft Cassin-Esposito-Tizzoni sie bezwungen hatte) nur von fünf

Eistürme über dem Aosta-Tal. ▷

86

ausgezeichneten Seilschaften bestiegen worden. Jene Tage gehören zu meinen stärksten Erlebnissen. Wir waren beide so arm, daß wir uns nicht einmal einen Kopfschutz zu beschaffen vermochten. Wir behalfen uns mit einem Foulard oder steckten den Kopf in ein baumwollenes Brotsäcklein, aus welchem wir zwei Löcher für die Augen herausgeschnitten hatten. Die Rucksäcke und die meisten Kleidungsstücke waren Überbleibsel aus dem Krieg. Als Seil benützten wir einen abgenutzten Hanfstrick. Die Haken hatten wir uns aus einer Eisenstange selber angefertigt. Ein halbes Dutzend Äpfel, die nur zur Hälfte bezahlt waren, sollten uns die Vitamine liefern. Aber wir fühlten uns trotzdem als die glücklichsten Jungen der Welt, denn unsere Lebenslust war unser größter Reichtum. Im Grunde genügt doch sehr wenig, um dem Leben entgegenzulächeln.

Trotz der unbequemen Lage sind wir guter Laune und scherzen eine Weile, bis uns Schläfrigkeit übermannt. Im Halbschlaf glaube ich mehrmals zu spüren, daß ich abrutsche. Aber es ist wie nach einem Traum — nichts ist tatsächlich geschehen. Es vergehen einige Stunden. Zappelli duselt. Plötzlich ein Aufschrei: ich fahre aus dem Schlaf auf und fühle, daß ich in den Seilen über der Leere hänge. Mein Traum, meine Vorahnung ist Wirklichkeit geworden. Ich steige nicht mehr auf, sondern richte mich einen Meter weiter unten «häuslich» ein.
Ich betrachte den Horizont und bemerke, wie sich über der Aiguille Verte ein dunkler Fleck im gestirnten Himmel bildet. Daraufhin konsultiere ich das Barometer und stelle fest, daß es langsam sinkt. Will uns das Wetter nochmals einen Streich spielen? Die Stunden, die uns noch vom Morgengrauen trennen, vergehen in beängstigender Langsamkeit. Werden wir die zweite Wandhälfte hinter uns bringen, bevor uns der Sturm erreicht?
Das erste Zwielicht des Dienstags sieht uns schon an die Überhänge der «Schwarzen Platten» festgekrallt. Langgestreckte, schwarze Wolken treiben im Nordosten. Zeichen des aufkommenden Sturms. Die unerhört heftigen Windstöße sind seine Vorbo-

ten und behindern unsern Aufstieg ganz erheblich. Der Moment ist da, alles auf eine Karte zu setzen. Die Schwierigkeiten sind enorm; um zügig hochzukommen, muß ich die Handschuhe wieder ausziehen und nach Möglichkeit auf das Schlagen von Sicherheitshaken verzichten. Ich klettere fast ständig frei und verlasse mich völlig auf meine Hände. Die Temperatur fällt ständig. Der Himmel scheint hell und verwaschen über einer nebligen, grauen Lake. In einer Art angstvoller Flucht klettern wir aufwärts, und nichts kann uns mehr daran hindern.

Wir übersteigen die «Schwarzen Platten», über denen sich steiler Fels aufbaut. Es folgen der «Eselsrücken», das «Obere Schneefeld» und der «Rote Kamin». Wir bemerken kaum den feuerroten Sonnenuntergang in dieser metallischen Luft. Jetzt fällt uns der Sturm in den Rücken. Wirbelnder Pulverschnee droht uns zu ersticken. Das Thermometer, das ich immer griffbereit auf der Brust trage, zeigt fünfunddreißig Grad unter Null. Möglicherweise würde es noch tiefer sinken, wenn es nicht schon die unterste Grenze der Skala erreicht hätte. Wenn wir das Klettern einstellten, würden wir augenblicklich erstarren. Die Angst steht auf unseren Gesichtern. Wir müssen alle Schwierigkeiten, die uns noch vom Gipfel trennen, unbedingt während der Abendstunden bezwingen. Dies auf die Gefahr hin, an einem Haken hängend biwakieren zu müssen.

Wir bezwingen die Horizontalquerung unter dem «Roten Turm» auf der Höhe von 4050 Metern und den anschließenden überhängenden Kamin. Das letzte Licht zerrinnt: außer dem hellen Streifen des Seiles, das uns verbindet, können wir nichts mehr erkennen. Ich knüpfe mich los und klinke das Seil an einem Haken ein, den ich über dem Kamin gesetzt habe. Dann seile ich mich zu Zappelli ab, der zähneklappernd und bewegungslos wartet und sich der Kälte zu erwehren sucht. Ohne Worte zu verlieren hängen wir uns in die Seile und ziehen die Biwaksäcke über. Sie scheinen durch den eingedrungenen Schneestaub jede wärmende Eigenschaft eingebüßt zu haben. Der Sturm tobt mit aller Wucht. Wir werden hin und her geschleudert. Die Füße pendeln in der Leere und werden in Kürze gefühllos. Der Atemdampf gefriert auf unsern

Gesichtern zu einer Eiskruste. Wir verbringen die Zeit damit, unsere Füße gegeneinander zu schlagen und Körperteile zu massieren, die nach und nach in eine beängstigende Regungslosigkeit fallen. Einschlafen würde den sicheren Tod bedeuten. Die Angst ist so groß, daß wir nicht den Mut aufbringen, über unsere Lage zu reden. Wie elend ist doch der Mensch gegenüber den Mächten der Natur, und wie groß ist doch seine Unsicherheit. Ab und zu, wenn ich die Augen schließe, habe ich die Empfindung, auf einem sturmgepeitschten Meer zu sein. Mit dem Brausen einer Sturzwelle bricht sich der brutale Wind an der Wand; die Spritzer werden zu eisigen und scharfen Nadeln. Ich fühle mich wirklich wie ein Schiffbrüchiger, und unser Rettungsfloß ist das dünne Seil, das uns mit dem Haken verbindet.

Die Nacht dauert ewig. Fahl und undurchsichtig kündet sich das Morgengrauen an. Der Leschaux-Gletscher liegt unter einem dichten Nebelmeer. Eine bleierne Kappe drückt auf den Berg. Die Aiguille Verte und der Dru haben zeitweise das Aussehen fernliegender Gespenster. Wir sind nur noch hundertunddreißig Meter unter dem Gipfel, und dennoch scheint er unerreichbar zu sein. Was wäre aus uns geworden, wenn wir diesen Punkt gestern nicht erreicht hätten? Unter großer Mühe nehmen wir das Klettern wieder auf. Der Sturm tobt weiter, stürzt sich brüllend auf den Berg und reißt Eisplatten in Stücke. Die Füße und die Hände wollen den Dienst versagen. Und doch muß ich dieses letzte Stück bezwingen; ich will unbedingt hinaufkommen, ich will um jeden Preis weiterleben! In solchen Augenblicken ist der menschliche Wille oft stärker als die entfesselten Elemente. Meine Hände fassen die vereisten Griffe nicht nur, nein, sie umklammern sie wie Schraubstöcke. Es ist längst keine Kletterei mehr, es ist der verbissene Kampf ums Überleben.

Endlich gelange ich unter die Schneewächte des Gipfels. Noch dreißig Meter über

Oben: Die vereisten Aiguilles de Chamonix im Winter. ▷
Unten: Winterlicher Sonnenuntergang auf den Aiguilles des Grands Charmoz (3445 m) und dem Grépon (3482 m). ▷

Felstrümmer, die vom Frost am Berg festgehalten werden. Dann folgt eine von dichtem Reif bekränzte glatte Granitplatte. Die Hände kleben am Gestein. Ich beiße vor Schmerz die Zähne zusammen. Noch ein akrobatischer Kunstsprung, und dann stehe ich vor einer riesigen, gespenstischen Schneewoge, die sich über mir erhebt. Die linke Seite zeigt eine grünliche Transparenz. Ich suche die Wächte zu durchstoßen, aber eine Wolke Schneestaub fällt auf mich nieder und verhindert die Sicht. Mit fast ganz zugekniffenen Augen, mit vom Eis verklebten Augenlidern, hebe ich den Pickel hoch und schlage ihn über dem Grat in den Schnee. Einen Augenblick später ziehe ich mich hoch und überrolle mich: ich bin auf dem Gipfel der Grandes Jorasses!

Ich stehe auf. Der frenetische Wind trägt mich fast fort, und ich mache einige Schritte, um im Gleichgewicht zu bleiben. Ich kann es kaum glauben, daß ich mich nicht irgendwo festklammern muß. In der gleichen Minute kann man zwei grundverschiedene Gefühlssituationen erleben: das erlösende Ende einer Angst, die sieben Tage dauerte, und dennoch einen Alpdruck, der nicht weichen will.

Zwar sehe ich meinen Gefährten nicht, der sich zum Nachsteigen anschickt, aber ich kann ihn mir mit seinem von Schneestaub wattierten Gesicht lebhaft vorstellen. In eiliger Erregung erklimmt er die letzten gefrorenen Wächten, um dem Unheil zu entkommen, das ihn verfolgt, und um in die milchige Helle zu tauchen, die uns oben erwartet. Er dürstet nach Licht und ebenem Gelände, er hat Verlangen nach Wärme und Geborgenheit und merkt den Hunger nicht, der sich meldet. Er hat nur den heißen Wunsch, endlich zum Abschluß zu kommen. So habe ich vor Minuten noch selbst empfunden.

Nun hat auch Zappelli den Gipfel erreicht. Sein frohlockender Blick trifft sich mit dem meinen: wir umarmen uns gerührt. Auch das bis dahin gestraffte Seil lockert sich und bildet einen Haufen von ungeordneten Ringen zu unsern Füßen. Alles dauert nur einen Moment, denn die Kälte läßt uns erstarren, und der Wind läßt unsere Worte nicht aus den Kehlen kommen. Ich will diesen Augenblick unseres Lebens an diesem Ort, wo Leben nicht bestehen kann, festhalten. Wir photographieren uns gegenseitig mit dem

Apparat, der zu einem Eisblock geworden ist. Wer weiß, ob etwas daraus wird? Ich schaue nach der Uhr: es ist fast zehn Uhr. Taumelnd flüchten wir abwärts. Die Richtung können wir im wirbelnden Schneegestöber nur erraten. Neue Sorgen lösen jene des Aufstiegs ab. Wir befürchten Schneerutsche auf den tiefverschneiten Hängen, die ein harmloses Aussehen haben, sich jedoch im Schneetreiben in Irrgärten verwandeln, in denen man sehr leicht spurlos verschwinden kann.

Während wir über die Gipfelhaube der Grandes Jorasses absteigen, übertönt nach und nach das Knirschen unserer Steigeisen das Heulen des Windes, der jetzt abzuflauen beginnt. Dann geht das Eis in verschneiten Fels über, der uns aber keine Probleme stellt. Dagegen macht mir die Querung des Whymper-Couloirs einige Bedenken; doch die befürchtete Lawine löst sich nicht aus. Es schneit wieder. Ich befürchte, nochmals ein Biwak im Schneesturm einrichten zu müssen. Auf den Felsen des «Reposoir» kommt mir aber eine gute Idee: wir führen zwei Abseilstrecken durch, und dann geht's schnurstracks auf den Gletscher hinunter. Dort unten liegt ebenfalls hoher, behindernder Schnee. Die Sicht ist schlecht. Wir sinken bis zu den Hüften ein, taumeln wie Schiffbrüchige nach vorn und lassen einen tiefen Graben hinter uns. Je weiter wir nach unten kommen, je mehr lockert sich der eiserne Griff der Kälte. Das Thermometer zeigt fünfzehn Grad unter Null. Wir fühlen nun das Gewicht unserer Kleider. Ich knöpfe meine gefütterte Jacke auf, und während ich sie ausziehe, wird mir bewußt, wann ich sie eigentlich angezogen habe: vor sieben Tagen, gegen drei Uhr nachmittags; es war in der Kabine der Luftseilbahn, die zur Turiner Hütte hinauffährt.

Wir lassen die Hütte der Grandes Jorasses auf der Seite liegen und eilen den gerade verlaufenden Lawinenrinnen entlang bis auf den Talgrund des Val Ferret. Ich denke, daß uns da unten jemand erwartet. Aber nicht die leiseste Spur weist auf die Anwesenheit menschlicher Wesen hin. Der Schnee ist unberührt wie auf dem Gletscher. Ich kann einen Fluch nicht unterdrücken. Es ist siebzehn Uhr dreißig und noch immer hell. Um die wenigen Kilometer auf der eben verlaufenden, schneebedeckten Asphaltstraße zurückzulegen, brauchen wir etwa drei Stunden: das ist wahre Ironie!

Aber das dicke Ende kommt noch. Als wir in Entrèves — der einzige Außenposten hier im Winter — in die erstbeste Bar einkehren, erhalten wir einen neuen Tiefschlag. Die Leute sind überrascht und kommen sich leicht betrogen vor. Einer fragt: «Solltet ihr nicht erst morgen zurückkehren?» Ich schaue zum Fernseher hin und verstehe: auf dem Bildschirm verkündet ein Bergexperte, daß Zappelli und ich den Gipfel — wenn keine Komplikationen eintreten — morgen erreichen werden.

Ich bestelle ein Taxi, das mich nach Hause fährt. Es ist unglaublich, auch hier hat man mich nicht erwartet. Eine Stunde warte ich vor der verschlossenen Haustür; das ist mein achtes Biwak!

Auf dem Knie des Zeus

Im Mai 1963, als ich am Nachmittag in Piräus an Land ging, ergoß sich unter Blitz und Donner ein Platzregen über die Stadt. Die Straßen verwandelten sich in Sturzbäche. Ein recht ungewöhnliches Ereignis für eine Gegend, die sich rühmt, nur ein Dutzend Regentage im Jahr zu haben. Ich war nach Griechenland gekommen, um den Parnaß und den Olymp zu besteigen, die beiden heiligen Berge der hellenischen Mythologie, und vielleicht war das Gewitter ein Zeichen der Mißbilligung, das die Götter meinen Absichten entgegenbrachten. Mir gefiel es, kaum hatte ich griechischen Boden betreten, schon etwas den Gottheiten auf dem Olymp zuzuschieben!

Während etwa zehn Tagen bummelte ich zwischen den faszinierendsten Denkmälern des alten Griechenland herum. Als ich dann den heiligen Ort von Delphi erreichte, um zum Parnaß zu kommen, fühlte ich mich in der Rolle eines antiken Pilgers. Dieser empfand eine hohe Ehrfurcht für diese Stätte, und bevor er die Halle des Apollo betrat, reinigte er sich mit einem Bad in der Kastalischen Quelle. Ich glaubte, ihn zu verstehen und ihm nachzufühlen, den antiken Geist zu empfinden, welcher der Unsterblichkeit, der Schönheit und der Dichtung zugewandt war. Von diesem Geist beseelt, mußte die Besteigung des Parnasses und des Olymps ein traumhaftes, unvergeßliches Erlebnis werden. Für mich war diese Exkursion ein Zwischenspiel in meinem Leben, eine Pause in einer andern Welt. Ich fühlte mich als ein Erweckter, den die Götter beschützen und dessen Gedanken und Handlungen sie werten und tadeln. In verträumter Versunkenheit deute ich die Stimmen der Natur als jene der Erhabenen, die sich auf diesem Berg besammeln, um hier die Probleme, die ihnen die Regentschaft über Erde, Himmel und Meer auflädt, zu besprechen. Ich höre Pans Flöte und die zarten Harfenklänge des Phöbus. In einem Augenblick der Verzückung pflückte ich auf den Hängen des Parnasses eine kleine rote Blume, um sie dann auf dem sturmumtosten Gipfel den Musen als Huldigung zu schenken. War das nicht eine heidnische Geste? Für mich war es in jenem Augenblick ein bescheidener Tribut an eine glorreiche Vergangenheit, deren Geist in den beiden Gebirgen weiterlebt.

Der Parnaß, zwischen der Westküste des Golfes von Korinth und der Ebene von

Böotien gelegen, erweckt im Gegensatz zum Olymp kein alpinistisches Interesse. Der Hauptgipfel, schon in alter Zeit erstiegen, erreicht eine Höhe von 2459 Metern. Er ist plump, seine Flanken sind verwittert und durchfurcht, die Felspartien eher selten und kurz. Die düstere und herbe Großartigkeit der Landschaft zusammen mit ihrer historischen Vergangenheit — sie war den Musen heilig und dem Phöbus zugeeignet und der Sitz des Orakels von Delphi — lassen verstehen, daß der Parnaß im Altertum der «Nabel der Welt» bedeutete. Ich selber halte das Massiv für eine der bezauberndsten Landschaften, die ich angetroffen habe. Im westlichen Vorland des Sinus Thermaicus (Golf von Saloniki) breitet sich, auf einer Fläche von etwa zweitausend Quadratkilometern, die Region des Olymps, das größte hellenische Gebirge, aus. Sein höchster Gipfel (Mytikas oder Pantheon) liegt nur achtzehn Kilometer vom Meer entfernt und erreicht eine Höhe von 2917 Meter. In der Reihenfolge ihrer Höhe angeführt und auf der gleichen Nord-Süd-Achse liegend, sind die folgenden Nebengipfel zu nennen: Skolio (2911 m), Stefàni oder Thron des Zeus (2909 m), Skala (2866 m). Diese Gipfel bilden die zentrale Gruppe des ganzen Gebirgssystems. Sie sind spitz, aus Kalkgestein, mit senkrechten Aufschwüngen, die auf der Westseite sogar eine Höhe von fünfhundert Metern erreichen können. Durch weite Moränenbecken getrennt, erheben sich die tiefern Gipfel, die rundere Formen aufweisen, aber in ihren offenen, kahlen Silhouetten trotzdem großartig sind.

Der sogenannte untere Olymp, das heißt die Gebirgszone unterhalb tausendfünfhundert Metern, ist vielfach gegliedert. Vom Zentralstock des Gebirges fallen unzählige Ausläufer ab, oft durch schroffe Abbrüche voneinander getrennt. Sie sind von einer üppigen Vegetation überwachsen. Die Wälder sind meistens mit Tannen und Pinien, aber auch mit Buchen bestanden. Auf den untersten Hängen überwiegen die Eichen und die verschiedensten großblättrigen Pflanzen; es finden sich stark duftende Blumen wie die «Orchidee des Olymps». In den Wäldern und Schluchten leben Wölfe, Füchse, Wildschweine, Hasen und Rehe. Hirsche und Bären, einst in großer Zahl vorhanden, sind heute ausgestorben.

Der düstere Aufbau der obersten Gipfel des Olymps (Mytikas und Thron des Zeus) ist fast ständig durch wildes Gewölk verhüllt und von Gewittern heimgesucht. Ein idealer Sitz für die höchsten Götter der antiken Welt. Von dort lenkte Zeus die Geschicke seiner Geschöpfe, der Menschen, und sandte ihnen Wohlwollen, Strafe, Blitz und Tod. Zweimal im Jahr pilgerten die Leute auf den runderen «Profitis Ilias», auf welchem sie einen Altar errichtet hatten, um vor dem Antlitz des Gottes um Gnade zu flehen und zu opfern.

Die Jahrhunderte und die Entwicklung anderer Religionen haben die Existenz der olympischen Götter für immer ausgelöscht. Der Olymp ist auf den Rang eines irdischen Gebirgsstockes abgesunken, dessen rauhe, karge Beschaffenheit nur Weiden für Schafherden und Ziegenrudel bietet. Er bot Zuflucht für Verfolgte und ist ein Platz, wo Mönche in Abgeschiedenheit meditieren können. Berühmt ist das große Kloster Aghios Dionysios. Auf dem Gipfel des Profitis Ilias errichtete der Heilige Dionysius schon im 11. Jahrhundert eine Kapelle über den Ruinen des antiken heidnischen Altars.

Zu Beginn des 18. Jahrhunderts erwachte das Interesse der Forscher für diesen Berg, der vorher lange Zeit in Vergessenheit geraten war. Es waren Geologen, Topographen und Naturforscher, die sich zuerst an ihn heranmachten, aber die dort hausenden Banditen verunmöglichten längere Aufenthalte oder gar eingehendere Studien. Erst einige Jahrzehnte später begann der Stern des Olymps wieder zu strahlen. Es ist ein Verdienst des Alpinismus, daß viele Begeisterte auf jenen geheimnisvollen Gipfeln die harmonische Verflechtung von Wirklichkeit und Legende nacherleben dürfen.

Die erste Phase der bergsteigerischen Geschichte des Olymps fällt in das Jahr 1856, in welchem der französische Archäologe L. Heuzey den Gipfel des Profitis Ilias erreichte, den er irrtümlich für die höchste Erhebung der Gruppe hielt. Im Jahre 1862 wurde der Skolio vom deutschen Geographen Heinrich Barth erstiegen. Von Kokkinoplòs her kommend, machte er auch die «Erstbegehung» des Nebengipfels Aghios Antonios (2815 m), um dann nach Litòchoron abzusteigen.

Keine angenehme Erfahrung war der Expedition des deutschen Geographen Eduard Richter beschieden. Im Mai 1911 war dieser mit zwei Gefährten von Kokkinoplòs aufgebrochen und wurde nach zweistündigem Marsch von Banditen überfallen. Erst nach drei Monaten wurden die Gefangenen gegen ein erhebliches Lösegeld freigelassen. Es war die Zeit der Balkankriege. Als diese zu Ende gingen, kamen zwei Schweizer, Fred Boissonnas und Daniel Baud-Bovy, nach Litòchoron, heuerten den einheimischen Führer Kakalòs an und erreichten, über den Skala, die noch jungfräuliche Spitze Mytikas, den höchsten Gipfel des Olymps. Es war der 2. August 1912. Dem Schweizer Ingenieur Marcel Kurz, bekannt als Kartograph und Bergsteiger, blieb die Erstbesteigung des letzten, noch unbewältigten Gipfels vorbehalten: der Thron des Zeus. Es war im August 1921. Kurz war von dem nunmehr spezialisierten Kakalòs begleitet.

Heute ist der Olymp ein Berg, der in den Sommermonaten ziemlich häufig von Bergsteigern jeder Kategorie bestiegen wird. Obschon noch einige «Probleme» ungelöst sind, kann man die Erkundungsperiode als abgeschlossen betrachten. Wie überall in den Bergen taucht auch hier die Frage auf: Was kann der Olymp nach dem «Ausverkauf» der Erstbegehungen künftigen Bergsteigergenerationen noch bieten? Die verlockendste Antwort, so glaube ich, ist in der schönen Erzählung des griechischen Schriftstellers Ilias Venezis zu finden, die von seiner Besteigung des Olymps mit dem Amerikaner Francis Farquhar berichtet.

Farquhar war 1914 unter den ersten gewesen, die die Besteigung der höchsten Erhebung des Massivs versuchten. Er glaubte, die Spitze, die Mytikas erreicht zu haben; später stellte sich aber heraus, daß diese zwölf Meter höher liegt als der Punkt, auf den Farquhar gelangt war. Boissonnas und Baud-Bovy waren ihm zuvorgekommen. Aber der Olymp bewog ihn, wiederzukommen. Vierzig Jahre später, mit der

---

Oben: Auf der Pointe Walker der Grandes Jorasses (4206 m). ▷
Unten: Die italienische Seite der Grandes Jorasses. ▷

Trauer um seinen toten Sohn im Herzen, verließen Farquhar und seine Frau das ferne Kalifornien und kamen nach Griechenland; Farquhar wollte den mythischen Berg nochmals besteigen und die zwölf Meter nachholen, die ihm damals gefehlt hatten. War dies der wahre Grund für seine Reise? Von der Hütte auf dem Olymp schauten Venezis und Farquhar zum Thron des Zeus und zur Mytikas auf, die sie am folgenden Tag besteigen wollten. Da fragte Venezis: «Warum bist du gerade in dieser leidvollen Zeit zum Olymp zurückgekommen? Ist es wegen den zwölf Metern? Oder bist du gekommen, um zu vergessen?» Farquhar antwortete nicht. Venezis wandte sich ihm zu und sah, daß er still weinte — er, der rauhe Mann, der den Nordpol erreicht und im Himalaja gewesen war. Venezis war verlegen und wollte um Verzeihung bitten. «Nein», sagte Farquhar, «es tut mir leid, daß ich mich nicht zu beherrschen vermag. Ich bin zurückgekehrt, um außer der Schönheit des Olymps auch die Heiterkeit der einfachen Leute zu genießen, um die Menschen besser zu verstehen und um den Schleier zu lüften, der unser aller Schicksal verbirgt. Nicht um zu vergessen, sondern um zu verstehen, bin ich gekommen.» Während er sprach, schaute er hinauf zu den nackten Felsen. Dann erblickte er das Buch in den Händen seines Gefährten. «Lies mir einige Zeilen vor», sagte er. Und zu Füßen des Throns des Zeus las ihm Venezis die ersten Verse aus Homers «Ilias» vor.

Die Eiger-Nordwand

Ich hatte die Begehung um fünf Uhr morgens begonnen und hatte um acht Uhr dreißig schon achthundert Meter der beängstigenden Eiger-Nordwand unter meinen Füßen. Hinter mir liegen der «Zerschrundene Pfeiler», der «Schwere Riß» und auch der «Hinterstoißer-Quergang», der durch ein langes, fixes Seil gebändigt ist. Nun bin ich im sogenannten Schwalbennest, einem luftigen Balkon, der von einem herausragenden Felsen geschützt ist und ein idealer Ort für ein nächtliches Biwak sein dürfte. Ein hier deponierter Bund Haken, Steiggeräte und ein Sack mit Lebensmitteln beweisen mir, daß eine Seilschaft beabsichtigt, die Begehung in zwei Ansätzen zu bewältigen, um die Präsenz in der Wand zu verkürzen. Trotz dem schweren Sack auf den Schultern bin ich bis jetzt rasch und sicher vorangekommen. Auch meine Gemütsverfassung hat sich, nach einer Schlechtwetterwoche, wieder gebessert. Es ist der 28. Juli 1963.
Die Eiger-Nordwand habe ich nie gemocht, obschon ich ihre bergsteigerische Bedeutung voll anerkenne. Ihres Steinschlags wegen ist sie die gefährlichste der drei berühmten Nordwände, obgleich sie nicht die schwierigste ist. Die unkontrollierbare, zum Selbstzweck gewordene Gefahr fesselt mich nicht. Ich muß zugeben, daß ich immer eine gewisse instinktive Voreingenommenheit gegen diesen Berg gehegt habe, obgleich ich viel gefährlichere Wände erstiegen habe und mit Vorliebe knifflige Passagen aus Eis und Fels angehe. Dennoch bin ich hier — allein — und nur dem unwiderstehlichen Ruf des «Trio» folgend. Dieses Alleinsein ist meine Waffe, die ich für das symbolische Duell mit dem Menschenfresser (so wird der Eiger genannt) gewählt habe.
Die Geschichte dieser Wand ist furchtbar und großartig — gleich dem Schicksal jener Bergsteiger, die, einem Ideal folgend, sich hier heraufgewagt haben und nicht mehr zurückgekehrt sind. Es sind viele Namen, Dutzende. Man kann sagen, daß fast jede charakteristische Passage der Wand von einer Tragödie bestimmt ist. Manchmal hat das Drama selbst den einzelnen Wandstellen den Namen verliehen: Hinterstoißer-Quergang oder Todesbiwak. Der Hauptgrund für diese Unglücksfälle, die tragischerweise fast immer qualifizierte Kletterer betroffen haben, sind Steinlawinen und Wetter-

stürze, die bei einer Wand von diesem Ausmaß — 1800 Meter Höhenunterschied — ernste Rückzugsprobleme stellen. Hier brechen die Stürme unerwartet und heftig aus, weil die Berge des Berner Oberlandes, gleich wie die Montblanc-Gruppe, Front gegen die vom Atlantik kommenden Schlechtwetterschübe zu bieten haben. Auch die falsche Einschätzung der Wandstruktur war früher Ursache zahlreicher Tragödien gewesen. Im Unterschied zu andern Nordwänden im Hochgebirge erhebt sich die Eigerwand nicht über einem Gletscher, sondern wächst fast unmittelbar aus den blumenübersäten Weiden über der Kleinen Scheidegg. Aber ihr Kulminationspunkt überragt die Viertausendmetergrenze, was an sich schon eine Warnung darstellt. Die ersten, die die Begehung wagten, hatten zu spät erkannt, daß es sich um eine fordernde und komplizierte Fels-Eismauer handelte. Irrtümlicherweise wurde sie für eine Wand aus nur glatten, senkrechten und brüchigen Kalkgebilden gehalten; so sieht sie in der Tat von unten her aus. In Wirklichkeit bildet sie vor allem das gefürchtete Glaseis, das bei Tauwetter vom Schmelzwasser der zahlreichen hochgelegenen Firnfelder genährt wird, die überall in der Wand versteckt vorhanden sind.

1935, als sich die ersten Begehungsversuche zu mehren begannen, setzte in der Wand ein großes Sterben ein; es waren Leute darunter, die zwar auf reinem Fels äußerst versiert, aber offensichtlich für die Gefahren dieses Hochgebirges zu wenig gewappnet waren. Es mußten mehrere Jahre vergehen, bevor die zwei bewährten Seilschaften Heckmair-Vörg aus München und Harrer-Kasparek aus Wien, beim Einstieg selbständig und nachher vereint, das große Problem lösten. Es war in der Zeit vom 21. bis 24. Juli 1938: ein großes Datum in der Geschichte des Alpinismus. Es gehörte viel Mut dazu, diese von Legenden umwobene, von Ruhm und Kampf, von Wettbewerb und Heldentum gezeichnete Wand neuerdings anzugehen. Aber da kommt eine Seilschaft nach Maß, Terray-Lachenal, die im Juli 1947 während dreier Tage den Menschenfresser herausfordert und neuerdings bezwingt.

Seit damals sind die Besteigungen häufiger geworden. Der Eiger ist psychologisch nicht mehr «unmöglich»; man kennt seine Natur und seine Reaktionen — wie bei einem Raubtier, das man zähmt — immer besser. Man gewöhnt sich sozusagen an die Schwierigkeiten, an die Gefahren und sogar an die Unglücksfälle. Während man früher die Ursachen beim Berg suchte, ist man heute gewillt, sie den Kletterern selbst zuzuschreiben. Erst war die Bezwingung der Eiger-Nordwand — und das gilt auch für andere Nordwände — das Privileg gut trainierter Alpinisten, doch heute ist sie abgewertet und oft Tummelplatz gewissenloser Dilettanten. Jemand muß dann seine Haut lassen. Was aber immer wieder verwundert — nicht alle dieser gewagten Abenteuer enden in einer Tragödie. Ich will nicht behaupten, daß man die Eiger-Nordwand nicht auch als Eintagsbesteigung vorsehen kann, denn das wäre sogar die beste Lösung. Aber es gibt Leute (man kann es in der Eiger-Chronik nachlesen), die die Wand «hinaufbummeln», sich einige gefährliche Tage Zeit lassen und da und dort biwakieren. Sie achten weder auf Steinschlag und Lawinen noch auf plötzliche Wetterveränderungen und haben trotzdem das Glück, unversehrt auf den Gipfel zu gelangen.

Ich bin nicht der erste Kletterer, der die Eiger-Nordwand allein angeht; in diesen letzten Jahren sind zwei andere vor mir eingestiegen, aber sie sind in der Wand gestorben. Der verhängnisvolle Ruf, der dieser «Mordwand» anhaftet, ist erdrückend und steigert meine Bewunderung für die Einzelgänger, und er läßt mich den Eiger wie in den Tagen seiner ersten Begehungen sehen.
Ich nähere mich dem Eisfeld, als ich eine erste dröhnende Salve wahrnehme. Die Zeit reicht noch aus, mich ins Schwalbennest zurückzuziehen, bevor der Steinhagel über meinem Kopf hinwegpfeift. Es überrascht mich nicht; sobald die Sonne auf die oberen Schneekuppen strahlt, lösen sich die Felsbrocken in großen Mengen. Es ist reiner Zufall, daß der Steinschlag seinen Weg ausgerechnet in meine Richtung genommen hat. Aber alles ist gut vorbeigegangen. Ich setze die Besteigung des Ersten Eisfeldes fort, das nurmehr blankes Eis zeigt, bezwinge durch anstrengende Pickelarbeit eine gefährliche, glasharte Verengung, den Eisschlauch, und nehme das Zweite

Eisfeld in Angriff. Leider ist die Temperatur zeitweilig mild, und das Echo, das fallende Steinschläge oft nah, oft fern, auslösen, begleitet meinen Aufstieg.

Das Eis ist dünn und erweckt kein Vertrauen. Ich verlagere daher meine Aufstiegsrichtung nach rechts, einer kaum sichtbaren Felsrippe entlang. Sie ist nicht sehr steil, aber völlig poliert, sandig und naß. Um mich herum haben sich Nebelhaufen gebildet, die ab und zu die ganze Breite der Wand überdecken. Dann habe ich eine ganz besonders heikle Passage zu überwinden. Der Fels läßt es nicht zu, Sicherungshaken einzuschlagen. Ich befreie mich vom Sack; ich knüpfe ihn an das Seilende, um ihn dann von oben nachhissen zu können. Vorsichtig arbeite ich mich hoch und halte das Gleichgewicht mit Fußspitzen und Händen: fünf, zehn, fünfzehn Meter. Plötzlich zucke ich zusammen. Ein Rumoren, wie der Widerhall eines riesigen Flugzeuges, erschüttert den Berg. Im ersten Augenblick kann ich nicht erfassen, was geschieht. Aber dann, hoch über mir im Nebel, scheint die Hölle los zu sein. Eine dunkle Wolke stürzt zerberstend auf die weiße Wand herab. Es ist, als ob der Berg in Brocken gegen den Himmel geschleudert würde. Es bleibt mir keine Zeit, Überlegungen anzustellen. Ich presse meinen Körper instinktiv flach, wie eine Eidechse, an die Wand. Blöcke, Steine und Felssplitter prasseln krachend herunter. Ich sehe sie nicht, aber ich spüre sie mit meinem ganzen Sein, und ein herber Geschmack dringt mir bis in die Lungen. Ich erwarte den verhängnisvollen Treffer, der auch prompt eintrifft. Er ist heftig und verursacht mir einen unerträglichen Schmerz, als ob mir der Brustkasten eingedrückt worden wäre. Einen Augenblick lang fühle ich mich ins Leere geschleudert, aber ich klebe immer noch an der Wand, die Hände im Fels verkrallt, als wollten sie sich mit ihm vereinen.

Der Bergsturz ist vorüber. Hat er Sekunden oder eine Ewigkeit gedauert? Eigentlich unwichtig, ich lebe noch! Die Umgebung hat sich verändert. Das Eis ist schwarz und narbig. Sand und Kies rinnen noch überall herunter und überrieseln auch mich. Mein erster Gedanke gilt dem Rucksack. Glücklicherweise ist er noch in jener Nische, in der ich ihn zurückgelassen hatte. Wäre er von den stürzenden Massen mitgerissen worden, dann hätte er mich wahrscheinlich von der Wand gezerrt. Ich löse mich aus der unnatürlichen Stellung und steige einige Meter höher. Bei jeder Bewegung fühle ich ein scharfes Stechen im Rücken. Mühsam hisse ich den Rucksack hoch. Er ist noch etwa zehn Meter unter mir, als ich bemerke, daß ein Stein das Seil zu Dreiviertel durchgeschlagen hat. Glücklicherweise trägt es das Gewicht noch, und ich kann den unentbehrlichen Sack bergen. Immer stärker beginnt mich eine Angst zu übermannen. Ich bin nun völlig im schweren, nassen Nebel eingehüllt. Die Steinschlaggefahr besteht weiter, und ich könnte nochmals getroffen werden. Die Pause hat etwas Bedrohliches. Ich muß weg von hier. Kann ich mich noch auf mein Seil verlassen? An einer Stelle ist es sichtbar zerschnitten, aber es könnte auch irgendwo inwendig beschädigt worden sein. Die Schmerzen im einen Arm und besonders im Rücken quälen mich. (Die Röntgenaufnahme wird dann ergeben, daß die elfte Rippe links gebrochen ist.) Ich möchte mich aus der Wand zurückziehen, bin nun aber den Steinschlägen zu sehr ausgesetzt. Ich wende mich daher rechts gegen den Eishang hin, auf dem ich vor dem Nebeleinbruch einen Felsblock gesichtet hatte. Er könnte mir den nötigen Schutz für ein Biwak geben. Um ihn zu erreichen, benötige ich eine Ewigkeit. Endlich bei ihm angelangt, erkenne ich, daß er im Grunde recht wenig Schutz zu bieten hat.

Es beginnt zu regnen; ein dünner, kalter, lästiger Regen. Ein leiser Windhauch, wie der Atem eines schlafenden Hundes, streicht über die Wand. Der ganze Berg trieft vor Nässe. Ich bin durch und durch feucht, arbeite aber unentwegt, um mir eine einigermaßen zuverlässige Verankerung zu schaffen. Ich ebne das Eis, glätte den Fels etwas, schlage Haken ein und spanne die Seile zu einer Art Geländer. Endlich kann ich mir ein wenig Ruhe gönnen. Mein Biwak beginnt schon am frühen Nachmittag.

Gegen Abend setzt Hagel ein. Dann teilen sich die Nebel und geben den blauen Himmel frei. Während weniger Minuten erscheint in dem fliehenden Dampf eine rote Scheibe, die eher wie ein glutroter Mond aussieht: eine Sonne, die nicht mehr erwärmt. Das Licht fällt zusammen. Am Horizont ziehen weiße Wolken über den dunkelblauen Abendhimmel.

Morgen, das ist sicher, wird es besseres Wetter geben. Allerdings hätte es im Mittelland auch heute schön sein können. Der Eiger erlaubt sich solche Scherze; während überall klares, freundliches Wetter herrscht, tobt es hier in den Vertiefungen der Wand wie in einem Hexenkessel. Die Nacht verstreicht langsam. Ich werde in meinen nassen Kleidern von Kälteschaudern geschüttelt, und der dumpfe Schmerz in meiner linken Lunge reißt mir bei jedem Atemzug fast den Rücken entzwei.

Endlich bricht ein strahlender Morgen an. Nach dem ersten rötlichen Aufleuchten nehmen die Schneegipfel am Horizont eine honigfarbene Tönung an, dann werden sie wieder weiß. Die Luft ist ruhig und kalt. Einige bauschige, harmlose Wolken tauchen da und dort am Himmel auf. Ich bin genau in der Mitte, im Herzen der Eigerwand. Die Grandes Jorasses schauen auf eine wilde, urtümliche Landschaft hinunter, der Eiger jedoch steht über dem Fremdenort Grindelwald und über sanften Tälern. Der Kontrast ist auch in anderer Hinsicht groß, denn der Eiger ist trügerisch. Das Auftauchen einer Wolke genügt, um sich hier sofort in eine Eishölle eingeschlossen zu fühlen. Aber jetzt, in dieser friedlichen Stimmung, erscheinen seine Umrisse fast gutmütig und seine Schneehänge harmlos. Die zahlreichen Anhaltspunkte im Tal erwecken den Eindruck, höher zu sein als dies tatsächlich der Fall ist, während der einladende Gipfel in vier Sprüngen erreichbar scheint. Um die Tatsachen festzuhalten, muß man nur an gewisse Falten, Abbrüche und Risse denken, deren schauerliche Bedeutung uns erbleichen läßt: Rampe, Götterquergang, Weiße Spinne. Es ist seltsam, daß ich in dieser kalten Steinwüste dem pulsierenden Leben doch so nahe bin. Ich kann die Leute unterscheiden, die sich dort unten auf den moorigen, von Bächen durchflossenen Wiesen bewegen. Ich sehe dünne blaue Rauchfähnchen aus den Kaminen der Alphütten aufsteigen und Schieferdächer, die in den ersten Sonnenstrahlen blinken. Gegen Osten schaue ich auf dunkle Tannenwälder hinunter. Jeder Ton aus dem Tal dringt mit starker Resonanz zu mir herauf. Ich höre das Gebimmel der Herdenglocken und aus

Das Mer de Glace zu Füßen der Grandes Jorasses und des Dent du Géant. ▷

der Ferne das Pfeifen eines Zuges, der sich wie eine Raupe durch die Landschaft windet.

Ich genieße dieses Schauspiel in dem angenehm unentschlossenen Zustand, der jedem, selbst dem härtesten Biwak folgt. Aber ich muß wieder in meine Wirklichkeit zurück, die seit gestern einen tragischen Aspekt bekommen hat. Ich muß absteigen und dabei den nötigen Willen aufbringen, den lähmenden Schmerzen nicht zu erliegen. Nachdem ich mich aus dem Biwaksack geschält habe, ordne ich die Stelle, um eine lange Serie von Abseilmanövern vorzubereiten. Dabei fühle ich einen Knoten in der Kehle: ein lange gehätschelter Traum ist nun vorzeitig ausgeträumt. Der Berg hat für mich entschieden. Während ich den ersten Stecken entlang abgleite, muß ich die Zähne zusammenbeißen, um die akuten Schmerzen auszuhalten; aber nach und nach werden sie erträglicher, und mein Selbstvertrauen festigt sich wieder etwas. Im Vergleich zu gestern scheint der Berg heute eingeschlafen zu sein. Wasser, Eis und Steine, alles ist festgenagelt und kristallisiert. Ohne Zweifel war es das Tauwetter gewesen, das gestern den Absturz des Lockermaterials gefördert hatte. Die große Steinlawine, die mich wie durch ein Wunder bloß gestreift und nur mit ihrem Schutt getroffen hatte, ist als außergewöhnliches und unvorhersehbares Ereignis zu werten. In den fünfzehn Jahren extremen Bergsteigens hatte ich ähnliche Erfahrungen in der Nordwestwand des Badile, auf dem Dru-Pfeiler und, vor einem Jahr, auf dem Whympersporn der Grandes Jorasses gemacht. Ich muß zugeben, jedesmal habe ich Glück gehabt.

Nachdem der Hinterstoißer-Quergang im umgekehrten Sinne überwunden ist, seile ich mich weiter ab, direkt auf die Rote Fluh zu. Hier, in einer engen und tiefen Felskluft, sehe ich verblichene Knochen. Es sind gewiß menschliche Überreste, die von irgendeiner Tragödie berichten. Was kann ich anderes tun, als an diesem natürlichen Grab einen Augenblick in Besinnung zu verharren, um dann weiter abzugleiten.

So habe ich denn meinen Traum vom Eiger abgeschrieben. Ich habe gleichzeitig verloren und gewonnen, denn ich bin lebend aus einer Wand hinausgekommen, in welcher andere Einzelgänger das Leben gelassen haben. Alles in allem bin ich zufrieden, aber nicht befriedigt. Allerdings wird der Eiger nie wahre Beglückung geben; allzuoft wird seine Begehung zum tödlichen Spiel mit dem Zufall. Er ist, alles zusammengezählt, ein häßlicher Berg: plump, düster, von Steinlawinen angenagt. Und doch, so sagt Harrer, ist er weniger Prüfstein für die Geschicklichkeit des Bergsteigers als Maß für dessen Charakter und dessen menschliche Größe. Das ist der wahre Wert des Eiger, der auch mir dort oben richtig zum Bewußtsein gekommen ist.

Am Kältepol

In seinem Reisetagebuch «Sibirien» spricht Anton Tschechow von der Taiga, dem typischen Urwald, der seit jeher meine Phantasie beschäftigt hat: «Jenseits des Jenissei beginnt die berühmte Taiga... Auf beiden Seiten der Straße erstrecken sich ununterbrochen Kiefern-, Lärchen-, Tannen- und Birkenwälder... Der Zauber der Taiga liegt weder in ihren Bäumen noch in ihrer Totenstille, sondern darin, daß vielleicht nur die Zugvögel wissen, wo sie aufhört. Im Verlauf der ersten vierundzwanzig Stunden verbleibst du gleichgültig, am zweiten und dritten Tag findest du es wunderbar, und erst am vierten und fünften Tag befällt dich ein Gefühl des Verlorenseins, und es kommen dir Zweifel, ob du je wieder aus dieser Art irdischen Wunders herauskommen wirst. Dann wirst du auf einen bewaldeten Hügel steigen, der Straße nach gegen Osten schauen und einen Wald erblicken, dann einen Hügel, der einem gelockten Köpfchen ähnlich sieht, dann noch einen und so weiter, ohne Ende. Nach vierundzwanzig Stunden wirst du auf ein anderes Hügelchen steigen und vor dir die gleiche Aussicht finden. Über wie viele Hunderte von Werst sich diese Wälder erstrecken, das wissen nicht einmal die Postillions und die Bauern, die in der Taiga geboren sind. Ihre Phantasie ist zwar kühner als die unsere, aber sie trauen es sich nicht zu, die Ausdehnung der Taiga zu bestimmen. Auf unsere diesbezügliche Frage antworteten sie: ‹Sie hat kein Ende!› Sie wissen nur, daß zur Winterszeit aus dem hohen Norden rätselhafte Gestalten auf Rentieren in die Taiga kommen, um Brot zu kaufen. Was für Leute das sind und woher sie kommen, das wissen nicht einmal die Alten.»

An diese Landschaften dachte ich wie an ein Märchen. Ich hielt sie für unerreichbar, da strenge Einreiseverbote für Fremde bestehen. Auch befürchtete ich, daß jene verzauberte Unendlichkeit hauptsächlich der dichterischen Phantasie des großen Erzählers zuzuschreiben ist. Aber eines Tages bot sich mir die Möglichkeit, jenen

---

24. Januar 1963: Bonatti marschiert auf Skiern zum Fuß der Nordwand der Grandes Jorasses. ▷

äußersten Zipfel Sibiriens zu Gesicht zu bekommen, ihre wirklichen Weiten mit meinen eigenen Augen zu messen, ihre reale Existenz zu spüren. Seit Jahren beliefere ich die italienische Wochenzeitschrift «Epoca» mit spannenden Reportagen. Eines Tages macht man mir das willkommene Angebot, mit Sonderberichterstattern zum legendären Kältepol zu reisen. Wir fahren zu dritt: der Journalist Brunello Vandano, der Photograph Mario De Biasi und ich. In Moskau schließen sich unserer Expedition noch der Journalist Igor Antonow und der Photograph Valeri Schustow an, die beide Sowjetbürger sind. Wir verlassen die russische Hauptstadt am 13. Januar 1964 mit dem Flugzeug. In den nun folgenden zwanzig Tagen werden wir uns in den zwei kältesten Ortschaften der Erde, Werchojansk und Ojmjakon, aufhalten. Dort sind Tiefsttemperaturen von neunundsechzig Grad, respektive einundsiebzig Grad unter Null gemessen worden.

In Irkutsk, an der Grenze der Mongolei, empfange ich den ersten Eindruck von dem unerbittlichen und unermeßlichen Sibirien der Pionierzeiten. Ein Denkmal am Ufer des Angara erinnert an eine glorreiche russische Forschungsexpedition im 17. Jahrhundert längs dieses großen Zuflusses des Jenissei. Der Frost, noch lange kein außergewöhnlicher — minus fünfundzwanzig Grad — hat den Fluß erstarren lassen. Die großen Boote, die bei Anbruch des Winters, halb unter Wasser, am Ufer belassen worden waren, ragen knapp aus dem opaken Eis heraus und gleichen Meeresfossilien in Kalkablagerungen. In Jakutsk, etwa 2000 Kilometer weiter im Nordosten, offenbart sich bereits die faszinierende Dramatik des sibirischen Winters. Die Häuser sind hier niedrig und rauh gezimmert, und die Leitungsdrähte, die sie untereinander verbinden, sind dicht mit Reif überzogen. Mit seinen Straßen in undurchsichtigem Weiß und dem Grau der nebligen Luft ist Jakutsk die würdige Hauptstadt dieses «Reich des Frostes». (Es ist zehnmal größer als Italien, hat aber nur eine halbe Million Einwohner.) Obgleich Jakutsk nur eine menschliche Oase in der unbegrenzten Leere bildet, ist doch eine gewisse Infrastruktur vorhanden: Gasthäuser, Kaufläden, Industrien, öffentliche Autobetriebe und ein großer Flugplatz. Im Jahre 1632 von den Kosaken gegründet, war die Stadt jahrhundertelang nur durch die Lena, die in das arktische Eismeer mündet, mit der übrigen Welt verbunden. Heute ist die Stadt ein Zentrum mit 76 000 Einwohnern, zum größten Teil Einheimische, die vor allem in den Goldminen und in den Industrien für die Bearbeitung wertvoller Pelze Beschäftigung finden.

Es sind die Tage, die als «Taufe des Frostes» im Kalender aufgeführt sind. Die Temperatur ist auf minus fünfzig Grad gesunken. Aber man sagt uns, daß in Werchojansk, wohin wir unterwegs sind, das Quecksilber bei minus fünfundsechzig Grad stehe. Bei dieser Kälte ist das Fliegen unmöglich: die Flugzeuge wagen sich nicht mehr in die Luft, wenn das Thermometer unter minus siebenundfünfzig Grad fällt. Man muß abwarten.

Die Tage des Wartens in Jakutsk dienen mir dazu, die Gegend und die Leute am Kältepol besser kennenzulernen. Gleichzeitig erhalte ich die nötige physische Voraussetzung, um während der langen Aufenthalte in der freien Taiga dem tückischen Frost erfolgreich zu widerstehen.

Unsere daunengefütterten Überkleider, die gleichen, die auf den Achttausendern des Himalaja getragen werden, sind unter den Bekleidungsstücken das beste, das man auf dem Markt findet. Sie ersetzen in zweckmäßiger Weise die schweren Pelze, die von den Jakuten getragen werden. Dagegen vermag keine westliche Fußbekleidung die Füße wirkungsvoller zu schützen als russische Filzstiefel. Für die Hände, die sich am leichtesten kontrollieren lassen, gibt es kein Problem: je nach Bedarf werden weitere Handschuhpaare an- respektive ausgezogen. Über dem Ohrenschutz tragen wir die weiche Tchiapka, die riesige Pelzkappe. Die große Kälte will nicht nachlassen. Aber die Freunde von der Jakutsker «Sovietskaja Gazieta» dringen so beharrlich auf die Piloten ein, daß diese allen Mut zusammennehmen und sich für den Abflug entschließen.

Seit drei Monaten ist ein Mann in einer Station auf einer Insel im Arktischen Meer blockiert; er kann nun bei dieser Gelegenheit abgeholt werden. Das Flugzeug wird uns auf dem Hinflug in Werchojansk absetzen und auf dem Rückflug wieder aufnehmen, damit die Motoren bei der Zwischenlandung nicht abgestellt werden müssen. Das Risiko, nicht wieder aufsteigen zu können, wird damit ausgeschaltet.

Die Vorbereitungen für den Abflug sind langwierig und arbeitsreich, aber am Schluß hebt sich das zweimotorige Flugzeug doch vom Boden ab und nimmt Kurs nach dem geheimnisvollen Norden. Etwa eine halbe Stunde fliegen wir über die Serpentinen der Lena. Trotz ihrer Breite von 15 Kilometern sieht sie nur wie ein weißes Band in weißer Landschaft aus. Ihr Lauf verliert sich am nebligen Horizont. Es beginnen sich nun die Berge von Werchojansk abzuzeichnen, die wir zu überfliegen haben. Zuerst sind sie von dichter Taiga überwachsene Hügel, mit zunehmender Höhe werden sie kahl, zerklüftet und spitzig, und das schräg einfallende Licht verlängert ihre Schatten. Während der ganzen Reise ist die Temperatur im Flugzeug zwanzig Grad unter Null. Wir landen auf einer weiten, perlfarbigen Ebene und wirbeln dabei eine Wolke eisigen Staubes auf. Keine Spur von einer Siedlung. Immerhin, auf dem kleinen, rotbemalten Holzturm, auf den sich jetzt unsere Maschine zubewegt, hebt sich eine helle Aufschrift in kyrillischen Buchstaben ab. Wahrscheinlich heißt es «Flughafen Werchojansk». Eine schlanke, einfache Antenne überragt den Bau: sie bildet die einzige Verbindung zwischen dem Kältepol und der übrigen Welt.

Werchojansk gilt allgemein als der Kältepol, obschon die absolut tiefste Temperatur — minus einundsiebzig Grad — in Ojmjakon, fünfhundert Kilometer weiter im Südosten, gemessen wurde. Die Faktoren, die dieser Region das frostige Klima verleihen, sind außer der Lage — Werchojansk liegt jenseits des Polarkreises — die zwei- bis dreitausend Meter hohen Gebirgsketten Werchojansk und Tscherskij. Sie schirmen den Landstrich gegen die Winde, auch gegen die weniger frostigen vom Arktischen Meer her, ab. Dieses letztere, wenn auch weit nördlicher gelegen, bildet als flüssiges Element einen bessern Wärmeleiter als der feste Boden.

Wie auf einem erloschenen Gestirn setzt sich hier die Kälte in dem windgeschützten

---

Bonattis Seilgefährte folgt über die vereisten Platten des Walkersporns. ▷

Kessel den ganzen, fast sonnenlosen Winter über fest. Aus dem gleichen Grund ist es dafür im Sommer, wenn die Sonne nie untergeht, unerträglich heiß. Die Niederschläge — eine Auswirkung der geographischen Position — sind minimal, und man kann sagen, daß es fast überhaupt nicht regnet oder schneit. Dennoch ist das Gelände von einer gleichmäßigen weichen Decke gefrorenen Staubes überzogen: es ist die Kristallisation der geringen Feuchtigkeit, die in der Luft vorhanden ist und häufig dichte Nebel bildet.

Wir verlassen das Flugzeug, das raucht, als ob es brennen würde. Die zwanzig Grad unter Null im Flugzeug kommen mir wie zwanzig Grad Celsius vor im Gegensatz zur Kälte, die uns nun empfängt. Ein Mann, in einen schweren, dunklen Bärenpelz eingehüllt, taucht aus dem Nichts auf. Er macht uns Zeichen, ihm zu folgen. Er spricht nicht russisch. In seinem Bemühen, sich verständlich zu machen, zerquetscht er seine lange «papirosa» (die russische Zigarette mit dem Kartonröhrchen), die er zwischen die Zähne geklemmt hat. Als er bemerkt, daß wir keine Chinesen sind, ist er sichtlich enttäuscht. Unterdessen trifft eine Art Raupentraktor ein, dem der Vorsitzende des lokalen Sowjet entsteigt. Der Mann im roten Fuchspelzmantel ist ein typischer Jakute. Er ist von kleiner und gedrungener Statur, hat Schlitzaugen in einem flachen, dunklen, faltigen Gesicht, das stets ein halbes Lächeln und einen rätselhaften Ausdruck trägt. Er ist liebenswürdig, und es scheint, daß er fließend Russisch zu sprechen versteht, aber gegenüber unsern Moskauer Freunden, die sich hier nicht weniger fremd fühlen als wir, ist er außerordentlich wortkarg. Mit Antonow und Schustow sprechen wir Französisch. Im Kontakt mit den Einheimischen muß die Unterhaltung zweimal übersetzt werden: vom Jakutischen ins Russische und vom Russischen ins Französische.

Im Dorf angekommen, das — wenngleich kleiner und ärmlicher — in seiner Struktur Jakutsk nicht unähnlich sieht, trennen wir uns, De Biasi und ich, von der Gruppe. Während es meinen Freund zu den Leuten und ihren Wohnstätten hinzieht, gehe ich zum großen zugefrorenen Fluß, der Jana, in die Taiga hinaus. Ich hatte diesen

Wasserlauf vom Flugzeug aus bemerkt. Die Flüsse üben auf mich eine starke Anziehungskraft aus — vielleicht aus atavistischen Gründen —, denn der Mensch hat die Wasserläufe seit je als natürliche Verbindungswege betrachtet.

Die Kälte, die uns schon beim Verlassen des Flugzeuges wie ein Schlag ins Gesicht getroffen hatte, dringt im Verlauf der Stunden durch die Kleider bis auf die Haut. Die wärmende Eigenschaft der Gewebe verliert sich vollends. Der Körper beginnt empfindungslos zu werden. An jedem andern Ort könnte ich dagegen ankommen, indem ich laufen oder turnen würde. Aber hier wäre dies zu gefährlich. Jede Anstrengung beschleunigt das Atmen, und das würde den Lungen allzu kalte Luft zuführen und sie schädigen. Man muß daher unbedingt ein genaues Maß für Bewegung und Kraftaufwand herausfinden, damit man gesund bleibt. Das ist eines der Geheimnisse, die es gestatten, am Kältepol zu überleben.

Die weiße, weiche und doch versteinerte Taiga ist mächtig und bedrohlich. Die Baumstämme, von lockerem Frost überzogen, heben sich knorrig gegen den Himmel ab, und die unbeweglichen Äste gleichen Korallen: ein gigantisches Riff in einem ausgetrockneten Meer. Nach wenigen hundert Metern fühlt man sich schon als Gefangener eines tödlichen Labyrinthes. Wehe dem, der keinen Orientierungssinn hat und sich von seiner Begeisterung vorwärtstreiben läßt. Die Taiga ist gleichzeitig wundervoll und aufregend. Was kann es Schöneres und Überwältigenderes geben als die wilde, geheimnisvolle Natur, durch die sich der Mensch einen Weg bahnen muß? Jeder Schritt stellt ein Problem und hinter jedem Schritt liegt eine Bewährung. Die Richtung, die man einschlägt, erhält einen eigenen Sinn, hat nahezu eine Farbe, und die Luft ringsum scheint Geruch und Konsistenz anzunehmen. Es ist wunderbar, welche Empfindungen die Natur im Menschen zu entwickeln vermag; seltsam genug, daß man dieselbe Sache gleichzeitig fürchten und lieben kann. Findet das «Rätsel Mensch» vielleicht gerade in diesem atavistischen Widerspruch eine Antwort?

Die Wälder setzen sich zum größten Teil aus Nadelhölzern zusammen. Die Stämme sind weder besonders hoch noch dick, stehen aber eng und chaotisch beisammen. Gut die Hälfte ist vom Alter oder vom Frost vernichtet, der die Stämme zum Bersten bringt, die im Sommer zuviel Wasser aufgesogen haben. Es ist erstaunlich, wie sich die Vegetation dem erbarmungslosen, sibirischen Winter und seinen unmöglichen Temperaturen anzupassen vermochte.

Der Boden taut nie mehr als einen oder zwei Meter tief auf. Darunter liegt die sechshundert Meter dicke Schicht, die seit Urzeiten steinhart gefroren ist. Fast alle der unversehrt erhaltenen, sagenhaften Mammuts wurden hier ausgegraben. Die Wurzeln der Bäume haben sich in die Breite entwickelt und bilden ein ausgedehntes Netzwerk, das die mangelnde Tiefe ausgleichen soll.

Da ist die Jana. Auch sie scheint, wie die Lena, aus Alabaster zu bestehen — geädert und gekräuselt von den übereinandergeschobenen flachen Eisschichten. Man sagt, daß das Eis hier eine Dicke von mehr als anderthalb Meter aufweist. Ich schlendere dem Fluß entlang und vernehme dort, wo er einen großen Bogen macht, das Gebimmel von Glöckchen. Aus dem Wald kommt ein Schlitten, der von zwei Pferden gezogen wird; ihr Fell ist wie das eines Eisbären, weiß und zottig.

Zwei in dunkle Pelze gemummelte Männer steigen aus und führen die Pferde in die Mitte der Jana. Dort sehe ich einen Haufen bläulicher Blöcke, und an diesen machen sich die beiden zu schaffen. Ich begreife. Sie sind gekommen, um Eisblöcke zu holen, die geschmolzen das Wasser für den Haushalt liefern. Ich nähere mich. Wir tauschen einen einfachen Gruß in ihrer Sprache, als hätten wir uns immer gekannt. Sonderbarerweise scheinen sie sich absolut nicht für meine Anwesenheit, meine Rasse, meine fremdartigen Merkmale, meine Art, mich zu kleiden, zu interessieren. Ruhig fahren sie bei ihrer Arbeit fort. Ich kehre der Schlittenspur entlang wieder nach Werchojansk

---

Oben: Die großartige Nordwand der Grandes Jorasses. ▷

Unten: Der Montblanc in einer Vollmondnacht, von der Normalroute der Grandes Jorasses aus. ▷

zurück. Die tiefstehende Sonne bietet das großartige Schauspiel eines glutroten Untergangs. Es ist erst zwei Uhr nachmittags, aber ich fühle mich wie zu Hause in der Abenddämmerung. In der Ferne gewahre ich den blauen, aus Schornsteinen aufsteigenden Rauch.

Zwei Tage später sind wir in Ojmjakon, im Reich der absoluten Kälte. Wie in fast allen Dörfern des nördlichen Sibirien widmen sich die Leute auch hier dem Fischfang, der Pelztierjagd und vor allem der Rentierzucht. Während der Fischfang durch das Zufrieren der Flüsse einen Unterbruch erfährt, werden die andern Tätigkeiten das ganze Jahr hindurch betrieben und zwingen Männer und Tiere in der völligen Abgeschiedenheit der Taiga zu verbleiben. Um die Härte ihres Daseins verstehen zu lernen, leben wir einige Tage mit den Jakuten in den Gemeinschaftshäusern des Dorfes und in den Zelten der Jäger und Hirten im Wald. Wir gehen zu Fuß oder fahren mit Rentierschlitten. Ab und zu tun wir es den Hirten der Arktis gleich und reiten auf Rentieren zu unsern Beobachtungsplätzen.

Die Häuser sind sehr stark geheizt. Fast alle haben dreifache Türen mit Zwischenräumen, um die Wärme besser zu halten. Im Vorraum und an den Fensterrahmen hängen Eiszapfen, die von der spärlichen, nach außen dringenden warmen Luft ermöglicht werden. In ihren Behausungen und Jurten leben die Jakuten beinahe nackt. Zum Ausgehen hüllen sie sich äußerst sorgfältig ein und vermögen somit die im Körper gespeicherte Wärme für mindestens zwei Stunden zu behalten. Länger bleiben sie sowieso nicht im Freien, wenn sie im Dorf leben.

Im Turnus von fünfzehn oder dreißig Tagen leben diese Menschen als Nomaden in der Taiga; sie jagen Pelztiere oder betreuen ihre Renherden. Im Zelt brennt immer ein Ofen. Um der Arbeit nachzugehen und um die erlegten Tiere abzuhäuten, müssen sie aber draußen bleiben. Sie zünden rings um das Lager drei oder vier Feuer an — das Holz fehlt ja nie — und erreichen damit, daß die Temperatur in der Platzmitte zwar nicht warm, aber doch erträglich ist. In diesen Gegenden werden Zobel, Hermelin, Eichhörnchen, Blau- und Rotfüchse, Wölfe, aber auch Braunbären gejagt, wenn diese nicht gerade ihren Winterschlaf abhalten. Die Hirten gehen ebenfalls abwechslungsweise auf die Jagd und ernähren sich von der Beute. Sie essen auch Rentierfleisch, das von den Tieren ihrer Herden stammt. Zu Hause jedoch, in der warmen Jurte, essen die Leute außer dem Fleisch vom Rentier auch solches von Elchen und wilden Pferden. Es wird auf verschiedene Weise zubereitet, aber auch als Füllung für die «pépelni», eine Art Ravioli, gehackt. Die Tafel wird mit den verschiedensten gefrorenen Fischen aus den nahen Flüssen bereichert; sie werden in feine Schnitten zerteilt und roh und kalt gegessen. Speisen aus Rentiermilch, aus eingedickter, kalter Sahne (suaghèi), die auch in emulgierten, gefrorenen Würfeln (tchokon) genossen wird, gehören dazu. Die Jakuten nehmen im Tag nur eine einzige Mahlzeit zu sich, die allerdings entsprechend üppig ist. Man beginnt gewöhnlich mit kalten Speisen und geht nach und nach auf immer wärmere Gerichte über. Kochendheißer Tee beschließt das Mahl. Wie man uns versichert, ist diese Essensweise uralt und erhält Magen und Zähne bei bester Gesundheit. Ich konnte nie herausfinden, ob zwischen einer gewöhnlichen Mahlzeit und einer, die für Gäste angerichtet wird, ein Unterschied besteht. Gleich nach dieser massiven Erprobung der körperlichen Leistungsfähigkeit wird sofort mit dem Entkorken von Flaschen mit alkoholischem Inhalt begonnen. Man trinkt, in unserem Fall, auf das Wohl der italienisch-jakutischen Freundschaft. Man darf sich diesen Freundschaftsbezeugungen nicht entziehen, aber mir scheint, sie folgen sich bald allzu häufig. Da der Wermut, das Getränk mit dem geringsten Alkoholgehalt, den Frauen vorbehalten ist, muß selbst der enthaltsamste Mann sofort mit dem Wodka beginnen. Jeder echte sibirische Trinkspruch wird von reinem Alkohol begleitet. Als uns Doktor Nikolai Danilow, Direktor der Nowosti, in Moskau mit einem breiten, vergnügten Lächeln davon erzählte, hatte ich ihm keinen Glauben geschenkt. Man schenkt sich jedesmal das Glas halbvoll ein, und wenn man nicht Zweifel an seiner Männlichkeit erwecken will, trinkt man es in einem einzigen Zug hinunter. Darauf schickt man einen Schluck Wasser nach. Das alles tut man mit angehaltenem Atem. Zwischen den Trinksprüchen unterhält man sich, scherzt und singt. Die Gesänge der Jakuten sind auch dann schön und bewegend, wenn man sie außerhalb von Trinkgelagen hört. Sie haben eine kosakische Herkunft. Die Frauen sind sanft und aufgeweckt wie Orientalinnen, und die Männer zeigen eine Lebhaftigkeit, die bei den arktischen Völkern eher unbekannt ist. Die Kinder sind außerhalb der Schule voller Lebenslust und Begeisterung wie die Eichhörnchen im Frühling. Das Land hier ist auch die Heimat gesunder, langlebiger Leute. Dimitri Gromow, fünfundachtzigjährig, verpaßt keine Gelegenheit, in der Taiga Wild zu verfolgen. Roman Iwanowitsch Brisgailow, Abgeordneter der Autonomen Republik Jakutsk beim Obersten Sowjet und Vorsteher der hundert im Territorium verstreuten «sovkos», ist der Freund aller; er ist sonst jederzeit und überall für jedes Problem und für jede Zeremonie erreichbar, aber in diesen Tagen ist er für niemanden zu sprechen, denn er wacht über das Wohl seiner ungewöhnlichen, weit hergereisten Gäste.

Wir sind am Kältepol, in einer Natur, die sich wenig um die Plagen der Menschen schert. Man kann sagen, daß hier die Leute ihre Handschuhe während neun Monaten im Jahr nicht ausziehen und die Finger nicht strecken. Sie sind sicher nicht aus eigenem Antrieb hergekommen oder um das gelobte Land zu entdecken, aber sie haben sich in erstaunlicher Weise angepaßt, und alles in allem geht es ihnen nicht schlecht. Die einzigen Lebewesen, die in dieser Jahreszeit Mitgefühl erwecken, sind die Rentiere, die ständig aller Unbill der Witterung ausgesetzt sind. Man kann sie beobachten, wie sie durch den Schnee der Taiga wandern und hin und wieder mit den Hufen scharren, um nach den Flechten zu suchen, von denen sie leben. Wenn sie etwas finden, dann stecken sie ihre Schnauze in den weißen Staub, der an ihren Lippen wie Feuer brennt. Sie tun es den ganzen unerbittlichen Winter durch, wenn sie nicht, von Schwäche übermannt, liegenbleiben und im eigenen Urin sofort festfrieren.

Der höchste der Hügel, die die weite Ebene von Ojmjakon umschließen, wird noch

---

Die Eiger-Nordwand (3970 m), von den blühenden Matten der Kleinen Scheidegg aus. ▷

lange von der Sonne beschienen. Welch großartiges Schauspiel würde man von dort oben genießen? Eines Tages entschließe ich mich, meinen Freunden mitzuteilen, daß ich dorthin zu gehen wünsche. Roman Iwanowitsch zögert lange, bevor er sein Einverständnis gibt.

Zu oft hat er bemerkt, daß ich meine Blicke zu diesen Höhen richte. Er lädt sich doch lieber eine neue Verantwortung auf, als daß er mir den Wunsch versagt.

Die Sonne des kurzen Tages überrascht mich, als ich keuchend den steilen Hang erklettere, der mühsamer ist als ich es mir gedacht hatte. Ich stapfe einsam durch eine weiche, trockene und lockere Schneedecke von etwa vierzig Zentimeter, die meinen Füßen nicht den geringsten Widerstand entgegensetzt. Ich sinke in den Schnee, ohne etwas davon zu bemerken; es ist, als wollte er sich unter mir zurückziehen, um den erstarrten und glitschigen Rücken des Berges freizugeben. Auch hier finden meine weichen Filzstiefel keinen Halt. Ich rutsche ständig und puste vor Anstrengung, um nicht zu fallen. Die Luft, die ich langsam durch die Nase einziehe, aber rasch wieder durch die halbgeschlossenen Lippen ausstoße, verwandelt sich in eine Art pfeifenden Dampf und läßt mich an eine Dampflokomotive denken, die nach langer Fahrt anhält. Dieses Phänomen, hier völlig normal, wird durch die rasche Kondensation des Atems erzeugt, wenn die Temperatur unter minus fünfzig Grad sinkt. Mit einiger Erfahrung kann man an der Intensität der «Dampfwolken» die Kältegrade abschätzen. Dieses System haben mir die Jakuten beigebracht.

Hin und wieder hat die Luft einen Ammoniakgeruch und den Geschmack von Äther; ich halte dann ein, damit die Atemnot abklingt. Heute morgen hatte das Thermometer, das ich für diese Reise extra anfertigen ließ, minus sechzig Grad angezeigt.

Da bin ich nun auf dem Gipfel des Hügels, geblendet vom Reflex des Schnees. Neue starre und verzauberte Horizonte tauchen auf. Die Tannen mit ihrer schweren Schneelast haben sonderbare Formen und erinnern an Erzählungen, die begannen: «Es war einmal...» Die Sonne, die den Hügel bescheint, bringt die durch meine Schritte aufgewirbelten Frostkristalle zum Leuchten. Das einzige Ding, das sich bewegt, ist mein Schatten. Es gibt nicht die kleinste Spur eines Wildwechsels. Nicht einmal den Bären oder den hungrigen Polarwölfen würde es einfallen, hier herauf zu kommen. Ich knipse einige Aufnahmen, bis die drei Apparate, die ich gut geschützt unter den Oberkleidern trage, einer nach dem andern versagen. Glücklicherweise ist die Luft äußerst trocken, sonst könnte man nicht überleben. Vor einigen Tagen hatte die Feuchtigkeit meines Atems genügt, den Sucher meines Photoapparates über der rechten Augenbraue festzufrieren. Ich habe eine lästige, blutende Verletzung davongetragen.

Es ist die magische Stunde des Sonnenunterganges; die Sonne senkt sich hinter einer dunklen wellenförmigen Silhouette und läßt einen leicht gelblichen Himmel zurück. Hinter mir, zwischen den Tannen, die ihre Spitzen direkt in den Himmel zu recken scheinen, glänzt schon der große Dreiviertelmond. Geheimnisvoll sind die Formen, die sich nicht weit von Ojmjakon entfernt im Äther verlieren; es sind die Gipfel des Tscherskij-Gebirges, das erst 1926 entdeckt wurde und etwa die Ausdehnung der Alpen aufweist. Dort entspringt die Indigirka, der große Fluß, der dieses Tal durchströmt und bei dessen Quellen der sagenhafte See von Lambankur liegt. In seinen Wassern, die unerklärlicherweise nie ganz zufrieren, soll ein schreckliches Ungeheuer leben. Vielleicht ein Ichthyosaurier, der hin und wieder schnaubend auftaucht? Kein Jakute wagt es, sich dem verwunschenen See zu nähern.

Auf dieser einsamen Kanzel am Ende der Welt erfühlt man den Raum, in welchem selbst die Leere zu dröhnen scheint. In der Ferne blinken winzig kleine Lichter auf: Ojmjakon. Die weiße Ebene ist in dunkle arktische Nacht gehüllt. Über mir flammen unzählbare Sterne auf; am Firmament gewahre ich die Bewegung, die hier auf der Erde in Kälte erstorben zu sein scheint.

Der Whympersporn

7. Juli 1964. Es ist das fünfte Mal in den letzten zwei Jahren, daß ich den Leschaux-Gletscher hinaufstapfe und dabei die Absicht hege, den noch jungfräulichen Nord-sporn der Pointe Whymper auf den Grandes Jorasses anzugehen. Jedesmal war ich entweder von einem Wetterumschlag, von gefährlichem Tauwetter oder vom tiefen Barometerstand überrascht worden, bevor ich noch den Wandfuß erreicht hatte. Ausgenommen im letzten Jahr, als ich das Vergnügen hatte, wenigstens die Randkluft zu durchsteigen. Nachher mußte ich im Laufschritt zurückkehren.

Die große, trapezförmige Nordwand der Grandes Jorasses fällt, wenn man sie frontal betrachtet, nach links, aber noch mehr gegen rechts ab, wo sie sich fast mit dem Gletscher vereint, der vom Joch herunterfließt. Aber das wirklich Verlockende dieser Wand sind die Rippen und die harmonischen und regelmäßigen Schluchten, die westlich der Spitzen Walker, Whymper und Croz abfallen und die Strenge der Wand unterstreichen und sublimieren. Der Whympersporn fällt im sauberen Anriß vom Gipfelaufbau ab, um in eine schauerliche, steile und vereiste Schlucht auszulaufen, die von der Basislinie zurückweicht. Die Wandeinbuchtung ist in hohem Grad steil, schwierig und gefährlich, und die Sonnenstrahlen vermögen hier nichts auszurichten.

Ich habe mich für diese Route begeistert, weil sie alle Faktoren aufweist, die ein bergsteigerisches Problem anziehend machen. Die Schwierigkeiten und Gefahren sind enorm, aber sie sind traditioneller Art und liegen in der Natur und im eigentümlichen Wesen der Nordwand der Jorasses. In der Bezwingungsgeschichte der Wand stellt der Whympersporn das Alpha und Omega dar. Im Jahre 1931, als die ganze weite Wand noch zu erkunden war, war es gerade die vereiste Einbuchtung, die sich durch ihren Charakter den Spezialisten Brehm und Rittler, die von dort als erste die Begehung versuchten, aufdrängte. Sie kamen auf rätselhafte Weise um, und man fand ihre

---

29. Juli 1963: die erste Abseilstrecke am Doppelseil auf dem «Zweiten Eisfeld» des Eiger. ▷

126

zerschmetterten Körper am Beginn der vereisten Schlucht. Seit damals hatte sich niemand mehr an jene Route herangewagt.

Da bin ich nun neuerdings an der Randkluft. Es ist noch Nacht, alles ist ruhig. Man hört nur das Tropfen der Eiszapfen, das in der unbewegten Luft widerhallt. Eigentlich sollte man zu dieser Stunde, die der Morgendämmerung vorangeht, die Kälte besonders deutlich empfinden. Der Himmel ist klar, der Berg ist ohne Geräusch, aber ich fühle, daß etwas nicht stimmt. Ich kann mich einfach nicht entschließen, den Einstieg anzutreten. Die Morgendämmerung bricht an. Ich weiß nicht warum, aber ich mache mich sogleich auf den Rückweg. Im Verlauf des Tages, als ich dem Mer de Glace entlang marschiere, bemerke ich ein lebhaftes Hin und Her von Hubschraubern um die Aiguille Verte. Später erfahre ich dann, daß gerade in jenen Stunden der Morgendämmerung, die für mich voller Ungewißheit waren, ein furchtbares Bergunglück stattgefunden hatte. Es war vielleicht das schwerste Unglück, das je durch Tauwetter verursacht worden ist. Auf der Nordflanke der Aiguille Verte hatte eine plötzlich abbrechende Wächte vierzehn Schüler und Instruktoren der Nationalen Hochgebirgsschule von Chamonix in die Tiefe gerissen. Unter den Opfern war auch der Skiweltmeister Charles Bozon.

Am 24. Juli kehre ich an den Fuß des Whympersporns zurück. Diesmal bin ich allein — voll leidenschaftlicher Besessenheit und Groll gegen diese «unbesiegbare» Wand. Jetzt endlich kapituliert sie vor meiner Beharrlichkeit und läßt mich durch ihre trügerischen Maschen aus steilstem und heikelstem Eis aufsteigen. Ich fühle mich als Beute in der Gewalt eines Ungeheuers. Angesichts der Größe dieses harten und schwierigen Berges empfinde ich die Erregung eines einsamen Kampfes, der die Gefühlsmomente vertieft und das Empfindungsvermögen und die Reaktionsfähigkeit steigert. Ich erinnere mich an jenen Journalisten, der mir «Fanatismus der Propheten und Halsstarrigkeit der Wahnbefangenen» vorwarf und meinte, mein Tatendrang sei «Verwegenheit um ihrer selbst willen, albern und steril». Ich denke jedoch, wenn mehr

Menschen meine Erfahrungen miterleben könnten, würden sie sich selbst und die andern besser verstehen. Sie würden gewahr, daß sich die Menschheit zum Schlechten gewandelt hat und nicht mehr wirklich zu leben weiß. Sie kreist unermüdlich im Gehege ihrer Mythen und Wunschbilder und fällt von einer Sklaverei in die andere. Ist es vielleicht nicht so, daß sie die Unterdrückung, die sie durch ein gewisses System erfährt, abschüttelt, um sofort der Tyrannei eines andern Kollektivismus zu verfallen, der den Menschen zu einer bloßen Nummer erniedrigt? Der Mensch in seiner jetzigen Entwicklung beginnt auf das Positive in seiner eigenen Natur zu verzichten und schreckt nicht davor zurück, durch egoistische Motive auch das Gleichgewicht in der Natur zu stören. In der Tat muß heute bald jeder Lebensquell als vergiftet betrachtet werden. Es sind die vielen chemischen Gifte, nicht nur Bakterien und Viren, die für die Krankheiten verantwortlich sind. Wer dieses Problem mit wissenschaftlicher Gründlichkeit und gewissenhaft überdenkt, kann nichts anderes als eine entmutigende Prognose für die Zukunft zu stellen. Der Mensch indessen ignoriert die Fakten und beschleunigt den eigenen Untergang. Die Statistiken sprechen deutlich: in wenigen Jahrzehnten wird sich die Menschheit verdoppelt haben, und dann? Werden wir auf andere Gestirne flüchten, oder werden wir uns selbst vernichten? Welche höhern Werte sind dem modernen Menschen noch erstrebenswert, da er doch unter Beziehungslosigkeit, Angst, moralischer Apathie und Selbsttäuschungen leidet? Der natürliche Lebensinstinkt funktioniert nicht mehr. Was hat uns so tief sinken lassen? Ist es die Technologie, die es uns zu leicht macht, Wohlstand zu erwerben, und dadurch die Ideale, eines nach dem andern, zerstört?

Oder ist es die selbstherrliche Wissenschaft, die glaubt, ohne die geistige Unterstützung ihrer Verehrer auszukommen? Man ist bereit, dies anzunehmen, wenn man nicht wüßte, daß auch Philosophie, Religion und andere Geisteswissenschaften verfälscht und zu politischen Zwecken mißbraucht werden. Nachher ist es leicht, der Wissenschaft die Verantwortung für alle Übel zuzuschieben. In Wahrheit ist der Mensch in seiner Schwäche weit hinter den Errungenschaften zurückgeblieben, die dank seiner intellektuellen Fähigkeiten möglich waren. Betrachtet man die heutige Gesellschaft, so wünscht man sich die ersten Tage der Menschheit zurück. Aber unsere Bestimmung liegt vor und nicht hinter uns. Wenn wir uns auch theoretisch in die paradiesischen Zustände zurückversetzen können, im praktischen Leben würde es sich zeigen, daß der moderne Mensch nicht mehr in der Lage ist, unter solchen zu leben. Wir müssen das große Fragezeichen, das über unserer Gesellschaft schwebt, akzeptieren und uns damit bescheiden, Kinder unserer Zeit zu sein. Aber ist es denn nicht möglich, auch in dieser Zeit wirklich zu leben? Fortschritt kann doch nicht alles bedeuten; es gilt doch den tieferen Sinn unserer Existenz zu ergründen. Die Friedfertigkeit scheint keine der hervorstechendsten Eigenschaften des Menschen zu sein. Seine angeborene Aggressivität hatte ihm in Urzeiten geholfen, sich im Kampf mit der übermächtigen Natur zu behaupten. Heute hat sich die Aggressivität in stete Auflehnung und Rebellion gegen die bestehenden Ordnungsbegriffe umgewandelt; sie werden als unannehmbar und unzeitgemäß gebrandmarkt. Seit eh und je hatte man an den frühern Generationen etwas auszusetzen. Das war notwendig, denn sonst würden wir Menschen wahrscheinlich auf der geistigen Stufe von Reptilien geblieben sein! In der heutigen Verneinung der Tradition liegt zwar eine vorwiegend passive Aggressivität, die jedoch leider ab und zu nicht ohne Gewalttätigkeit auskommt. Der moderne, labile Mensch läßt sich oft zum Protest treiben und denkt wenig über die Gründe nach, die seine Haltung bestimmen.

Während ich diesen Gedanken nachhänge, bin ich nach und nach bis ins Herz des Whympersporns hochgestiegen. Fünfhundert Meter Wand, gleißendes Eis, fallen unter meinen Füßen ab, während die verbleibenden sechshundert Meter mit reichlichen, schneeüberhäuften Ausbauchungen mir direkt auf den Kopf zu fallen scheinen. Unter den momentan herrschenden Umständen ist ein Weiterklettern unmöglich. Betrübt

---

In der Taiga von Ojmjakon weiden die Rentiere in der Mittagssonne. ▷

steige ich abwärts, bis mir der Sonnenuntergang anzeigt, daß es Zeit ist, einen felsigen Biwakplatz zu wählen. Erst im Morgenfrost kann ich mich ungestraft längs der vereisten Schlucht abseilen.

Um die Bedrückung, die durch meine wiederholten Mißerfolge auf dem Whympersporn entstanden sind, zu lösen, begehe ich am 30. Juli den Trident de Tacul auf seiner noch jungfräulichen Nordkante. Es ist eine schöne Kletterei, senkrecht empor über kompakten Granit, luftig und schwierig.

Mein Gefährte ist der Alpini-Wachtmeister Livio Stuffer, der sich als ausgezeichneter Kletterer erweist. Er ist außerdem noch Skimeister. Dort oben habe ich den guten Humor wiedergefunden, den mir der Whympersporn nach und nach unterdrückt hatte.

Zu Hause aber erwartet mich eine niederträchtige Überraschung. Es ist der 31. Juli 1964. Heute ist der Jahrestag der Bezwingung des K2, des 8611 Meter hohen Himalaja-Gipfels, des zweithöchsten Bergs der Erde. Vor zehn Jahren hatte ich die Ehre gehabt, an dieser erfolgreichen italienischen Expedition teilzunehmen.

Eine Zeitung hat diesen Gedenktag zum Anlaß genommen, um wieder einmal eine «sensationelle Nachricht» auf meine Kosten zu bringen. Aus dem Artikel geht hervor, daß mein Betragen im Verlauf des mutigen Unternehmens dasjenige eines feigen, hinterhältigen, gewissenlosen, unerfahrenen und lügnerischen Menschen gewesen sei. Was könnte man überhaupt noch schlechteres über einen Menschen sagen? Ich kenne die Spielregeln, welchen eine «Persönlichkeit» (man verzeihe mir, wenn dies überheblich klingt) unterworfen ist. Aber diesmal hat man rücksichtslos in einer alten, stechenden Wunde herumgebohrt, die ohnehin nicht leicht zu heilen war. Es wird mir immer klarer, daß eine gerechte Beurteilung heute niemals mehr vorausgesetzt werden darf. Ich darf diese Verleumdung nicht stillschweigend akzeptieren. Eine exemplarische Bestrafung soll nun denjenigen treffen, der mich auf diese gemeine Weise angegriffen hat. Ich reiche beim Gericht eine präzis formulierte Verleumdungsklage ein. Nach zwei Jahren, und nachdem alle Zeugen vernommen und die Unterlagen verglichen sind, wird meine Ehre vor der Öffentlichkeit wiederhergestellt. Die Wahrheit ist in dem Kapitel «K2 — Die letzten Lager» in meinem Buch «Berge — meine Berge» dargestellt. Noch nach zehn Jahren steigt in mir Bitterkeit auf. Aber ich verliere mich nicht im Haß, sondern wende mich mit noch größerer Leidenschaft dem Whympersporn zu, der für mich jetzt mehr denn je zum Symbol meiner Zusammengehörigkeit mit dem Berg geworden ist.

Zum siebten Male kehre ich an den Fuß der Wand zurück. Schlechtes Wetter treibt mich wieder zur Umkehr. Es tut nichts, bald wird es ein achtes Mal werden. Als ich zu Hause ankomme, erwartet mich dort der Genfer Bergsteiger Michel Vaucher, den ich seit einem Jahr nicht mehr gesehen habe. In der Überraschung des Wiedersehens und um ihm meine Freundschaft zu bezeigen, erzähle ich ihm von meinem Vorhaben, das mein ganzes Sinnen und Trachten beherrscht. Ich spreche über meine Wechselfälle auf dem Whympersporn und von meinen Hoffnungen auf Erfolg. Ich bemerke in seinen Augen ein begeistertes Aufblitzen und stelle ihm die Frage: «Willst du beim nächsten Versuch mein Seilgefährte sein?» Seine Antwort ist zustimmend, und seine offensichtliche Freude über dieses Angebot macht mich sehr glücklich.

Donnerstag, 6. August. Um drei Uhr morgens beleuchten unsere Stirnlampen die Eisprofile des beängstigenden Einstiegs. Alles ist ruhig, der Frost hält alles fest. Am Tage dagegen ist hier die Hölle los, denn es ist mit ständigem Steinschlag zu rechnen. Ich beginne Stufen in das blanke Eis zu schlagen. Es ist nicht übertrieben kalt. Die wenigen Grad unter Null genügen, um den Steinschlag zu verhindern. Wir steigen stetig auf, und die schweren Säcke auf den Schultern beginnen zu drücken. Unsere Säcke sind für ein großes Unternehmen berechnet: sie enthalten zwei Vierzigmeterseile, fünfzig Haken, dreißig Karabiner, vier Steigleitern, zwei Hämmer, Biwaksäcke, einen Kocher und die Lebensmittel für fünf Tage. Die Steigeisen haben wir an den Füßen, den Pickel in der Hand. Das nötige Wasser werden wir unterwegs aus Schnee und Eis schmelzen.

Die Morgendämmerung erreicht uns auf 3100 Meter. Bis zu diesem Augenblick sind Vaucher und ich aufgestiegen, ohne dabei ein Wort zu wechseln. Der Aufstieg geht fast automatisch vor sich: ich bin vorn, schlage Stufen, und mein Gefährte folgt mir nach jeder Seillänge. Während ich hacke, sehe ich, daß am hellgewordenen Himmel noch ein einzelner Stern über der Pointe Whymper glänzt: es ist die Venus. Einen gleichen leuchtenden Stern, ich erinnere mich, hatte ich vor vielen Jahren in einer Morgendämmerung beobachtet, als ich den Cerro Adela im südlichen Patagonien bestieg. Damals bedeutete er ein gutes Vorzeichen. Während ich weitersteige, fühle ich mich nach Patagonien versetzt und vergesse für Momente die Wirklichkeit. Der Zauber wird durch einen niedergehenden Steinschlag gründlich verscheucht. Er veranlaßt mich, mit Vaucher meinen Eindruck über den Zustand der Wand zu besprechen. Wir sind beide der Meinung, daß, abgesehen vom Steinschlag, die Verhältnisse günstig sind.

Obschon es das erstemal ist, daß wir zusammen auf einem großen Berg sind, zeigt sich unsere Übereinstimmung. Ich habe das deutliche Gefühl, daß nach den sieben vergeblichen Versuchen diesmal nun die idealen Voraussetzungen für einen Erfolg bestehen. Geduld und Beharrlichkeit werden bei solchen Unternehmen doch immer belohnt.

Wir steigen jetzt über relativ schneefreien Fels hoch. Die Steigeisen haben wir abgeschnallt. Die vereiste Schlucht liegt unter uns. Wir lösen uns in der Führung ab: eine Seillänge gehe ich voran, Vaucher die nächste. Die Kletterei erweist sich als schnell und spannend. Ich bin es nicht gewohnt, mit einem Seil vor mir zu klettern, und im allgemeinen habe ich nie völliges Vertrauen in die Geschicklichkeit des Gefährten, der über mir klettert. Aber mit Vaucher ist es anders. Neben Pierre Mazeaud und Carlo Mauri — Freunde und Gefährten bei vielen alpinen und außereuropäischen

Oben: Bonattis Alleingang in der Nordwand des Whympersporns (Grandes Jorasses). ▷

Unten: 8. August 1964: Bonatti, dem Vaucher folgt, am dritten Tag der Begehung der Nordwand des Whympersporns (Grandes Jorasses). ▷

Unternehmen — ist er der einzige Bergsteiger, der mir Beruhigung einflößt, wenn ihm die Rolle des Seilführers zufällt. Es ist genauso, als ob ich mich selber an seinem Platz befände.

Der Tag ist wundervoll. Ringsum ist reger Betrieb festzustellen, daß sogar die Nordwand der Jorasses ihre traditionelle Strenge zu verlieren scheint. Häufig schaue ich zum Walkerpfeiler hinüber, der parallel, nur wenige hundert Meter von uns entfernt, verläuft. Der herrliche Abbruch hat eine gewisse Berühmtheit erlangt, und zu meinem Bedauern ist er heute nicht mehr «das Wagnis»; er wimmelt von Seilschaften. Im August 1949, als ich ihn erstmals beging, und im Winter 1963, als ich die erste Winterbesteigung unternahm, war alles noch ganz anders. Jetzt aber beobachte ich eine lange Prozession von Kletterern, die vom Fuß bis zum Gipfel reicht; eine endlose Reihe Ameisen auf einem Baumstamm. Da sind Seilschaften, die gerade erst einsteigen, und andere, die bereits hinter dem Gipfelgrat verschwunden sind. Sie alle reden und schreien in ihren Sprachen; es tönt wie in einem orientalischen Bazar. Der einzige Klang, der nie zu mir herüberdringt, ist jener des Kletterhammers, der einen Haken eintreibt. Das ist nicht verwunderlich, denn die Wand muß ja von Einhängemöglichkeiten strotzen. Die Menschen dort am Pfeiler sind für uns in einer anderen Welt.

Um zehn Uhr morgens erblicke ich meinen einsamen Biwakplatz, den ich vor zwei Wochen benützt hatte. Es ist eine kleine Felsstufe von einem Meter auf achtzig Zentimeter, und ich finde dort ein Paket Zucker und zwei Päckchen Biskuits, die noch intakt sind. Ich entscheide mich für einen kurzen Halt. Vaucher, zwanzig Meter weiter unten, macht sich bereit, mir nachzuklettern. Ich rufe ihm zu, auf die linke Seite zuzuhalten, wo er für seine Feldflasche aus einem Bächlein Wasser fassen könne. Kaum habe ich ihn mit dem Seil gesichert, als zwei große Blöcke direkt auf die Felsen über uns prallen und auseinanderbersten. Die Brocken fegen in unserer Richtung herunter. Ich schreie «Michel!» und presse mich eng an die Wand. Der entstehende Luftdruck verschiebt mein rechtes Bein. Ein Stein verfehlt mich um Zentimeter und streift meinen Gefährten. Die Steine haben die beiden lose aufgehäuften Seile auf dem

Vorsprung getroffen und an mehreren Stellen durchschlagen. Ich greife nach ihnen: sie sind angebrannt und noch heiß. Was wäre mit meinem Fuß geschehen, wenn der Luftdruck ihn nicht verschoben hätte? Mit Schaudern denke ich an mein früheres Biwak hier. Das drängendste Problem sind jetzt die Seile. Der Zwischenfall ist ernster als es den Anschein macht; wir haben erst einen Viertel der Wand erstiegen, und unsere Seile sind zerstückelt. Das längste Seilstück mißt noch zweiundzwanzig Meter. Zurückkehren? Wir denken gar nicht daran, obgleich uns klar ist, daß die Schwierigkeiten nun noch zunehmen. In der Tat: um weiterzusteigen, müssen wir die längsten Teile zusammenknüpfen. Da diese Knoten nicht durch die Karabiner gleiten, werden sie uns bei vielen Manövern behindern. Wir essen ein paar Zuckerwürfel und schlürfen das wenige Wasser, das Vaucher in seiner Feldflasche auffangen konnte. Nachher brechen wir wieder auf. Die Sonne, die uns etwa eine Stunde lang beschienen hatte, ist hinter dem Grat der Jorasses verschwunden. Wir werden sie heute nicht mehr sehen. Die Luft ist wieder frostig geworden, und die Wand hat sich noch mehr verdüstert.

Wir klettern immer noch den Passagen entlang, die ich bei meinem versuchten Alleingang erkundet hatte. Einigen gefährlichen Steinschlägen — verspäteten Nachzüglern — weichen wir geschickt aus. Geduldig hacken wir uns über steilste Eisplatten hinauf. Am späten Nachmittag erreichen wir den Punkt, den ich beim vorausgegangenen Versuch erreicht hatte. Vaucher, der die Führung hat, ist bereits ein Stück höher gestiegen. Von dort ruft er mir zu: «Walter, bist du bis hierher gekommen?» — «Nein, nur bis hier!» — «Trotzdem steckt ein Haken!» Er ist alt und verrostet, aber sauber und solid in den Fels getrieben und stammt zweifellos aus der Zeit der ersten Besteigungsversuche. Es ist ein historischer Haken. Vaucher versucht, ihn mit dem Hammer herauszuholen, aber er widersteht. Wir kommen überein, ihn als Andenken an die Abgestürzten stecken zu lassen. Vielleicht waren es die Deutschen Brehm und Rittler, die man am 8. August 1931 tot auf dem Grund der Schlucht gefunden hatte.

Die nächsten Stunden, die wir noch zum Aufstieg verwenden, verlaufen ohne Probleme. Am Abend setzen wir uns auf zwei Felsschuppen fest, die für ein Biwak im

Schutze eines enormen Vorsprungs geeignet sind. Wir befestigen die beiden Seilreste unter dem Überhang, damit sie uns am Morgen die Kletterei erleichtern werden. Dann richten wir unser erstes Biwak ein. Das Wetter hält sich wundervoll. Die Kälte, die jeden Steinschlag unterbindet, und die Finsternis, die die lärmende Prozession auf dem Walkerpfeiler stoppt, senken wieder Ruhe über den Berg. Fünfzehn Meter trennen mich von Vaucher, der sich tiefer unten eingekuschelt hat. Jeder kauert auf seiner Schuppe. In der Dunkelheit, die uns bald vollkommen einhüllt, schlafen wir ein.

Plötzlich fahre ich aus dem Schlaf: der Fels zittert wie bei einem Erdbeben. Ich habe das erschreckende Gefühl zu stürzen. Nein, es ist der Berg, der in Aufruhr geraten ist. Mit aufgesperrten Augen suche ich die Dunkelheit zu durchdringen. Der Berg scheint zu glühen. Die Luft wird wie bei einem Vulkanausbruch von einem betäubenden und kontinuierlichen Getöse zerrissen. Eine Feuerkaskade stürzt herunter, überspringt — es ist fast nicht zu glauben — unsern Platz und fährt ins Leere. Die sprühenden Funken erzeugen eine Helle, die mich Blöcke, groß wie ein Waggon, erkennen läßt, die in meiner Nähe auf die Wand aufschlagen. In der Tiefe blitzt es auf, während ringsum alles zerstiebt. Ich schreie, presse mich an die Wand und ziehe den Kopf zwischen die Schultern. Ich denke nicht mehr und warte ab. Ein Luftstoß quetscht mich an die Wand und raubt mir den Atem.

Das Getöse läßt etwas nach, aber es dauert immer noch an. Die Sturzwelle von Steinen und Feuer ist vorüber und wendet sich dem Gletscher zu. Eine Wolke von Fels- und Eisstaub hüllt mich ein; eine frostige Dusche. Was aber ist aus Vaucher geworden? Kaum habe ich mir die Frage gestellt, als ich auch schon seinen Namen rufe. Er antwortet und schreit meinen Namen aus voller Kehle. Der Berg ist wieder so ruhig, als ob überhaupt nichts vorgefallen wäre. Ich aber werde noch nachträglich von Angstschauern überfallen, die erst der Schlaf langsam auszulöschen vermag.

Gigi Panei, Seilletzter, auf dem tückischen «Quergang der Engel» in der Nordwand des Matterhorns. ▷

Im ersten Licht des Morgens erscheint der Berg wie mit Baggern bearbeitet. Vorsprünge und Falten sind verschwunden, vom tonnenweise abgestürzten Felsmaterial weggefegt, das nun auf dem Gletscher liegt. Dieser ist auf Hunderte von Metern schwarz und abgeflacht. Am Fuß der Wand sind die drei ersten breiten Spalten und die Eistürme verschwunden.

Ich lehne mich über den Abgrund hinaus und kann die Stelle ausmachen, wo sich oben die Felsmasse losgelöst hatte. Ein großer «Gendarme», vielleicht hundertzwanzig Meter hoch, ist nicht mehr da. An seiner Stelle gähnt eine breite Nische aus hellem Fels, die von Eis umrandet ist. Es ist offensichtlich, daß der Felssturz durch langsame und natürliche Unterhöhlung verursacht worden ist, die wer weiß wie lange im Gange gewesen ist. Wir müssen nun ausgerechnet in der Absturzbahn aufsteigen. Griffe und Risse sind verschwunden. Große Sorgen machen uns die Felsplatten, die am Rand der Absturzstelle kleben. Mit der zunehmenden Temperatur werden sie sich ohne Zweifel lösen und herunterstürzen. Wir brechen sofort auf, um vom Morgenfrost zu profitieren. Wir klettern den gestern abend fixierten Seilen entlang hoch. Doch das Auftauen beginnt sehr früh. Wir sind noch im zweiten Teil der fixen Seile, als auch schon der erste Felssturz herabprasselt und mich nur um wenige Meter verfehlt. Ich hebe den Kopf, um nach oben zu schauen. Aber da trifft mich ein Stein mitten auf die Stirn. Der Aufschlag ist hart, und ich habe Mühe, mich zu halten. Ohne Sicherung klammere ich mich nur mit den Händen am fixen Seil fest und spüre, wie das Blut über mein Gesicht strömt. Der Schmerz lähmt mich; ich fürchte ohnmächtig zu werden. Vaucher ist zehn Meter unter mir und kann nicht helfen. Schließlich gelingt es mir, mich mit der Kraft der Arme hochzuziehen, um den Haken zu erlangen, an dem das Seil festgemacht ist. Ich hänge mich ein und befühle die geschwollene, klebrige Wunde an meiner Stirn. Nun beginnt es auch aus der Nase zu bluten. Ich löse ein Stück Eis von der Wand und halte es an die Stirn, auf den Kopf und unter die Nase, aber es nützt nichts. Auch das Abtupfen mit dem Taschentuch bleibt unwirksam. Der Schmerz ist geringer geworden, aber das unaufhörliche Nasenbluten beunruhigt mich. Ich steige zu Vaucher und dann auf den Biwakplatz ab. Der Freund pflegt mich, so gut es geht, und klebt mir ein Pflaster über die Wunde. Dann setze ich mich rittlings auf eine Steinschuppe, die ins Leere hinausragt und lege den Kopf nach hinten. Erst verstopft mir das Blut die Kehle, aber endlich hört es doch zu fließen auf.

Die Steinschläge werden häufiger, und wir rasten daher für anderthalb Stunden. Endlich dreht sich die Sonne gegen den Grat ab, und die Temperatur beginnt sich sofort abzukühlen. Die Steinschläge nehmen ab. Wir versuchen neuerdings weiterzusteigen. Es ist neun Uhr dreißig. Wir beeilen uns, hochzukommen, bevor das Ungeheuer wiederum erwacht. Es ist mühsam, sich an dem vom Frost festgehaltenen Sandgemisch auf den glattgescheuerten Platten anklammern zu müssen, aber es gibt keine andern Griffe. Am Nachmittag erreichen wir eine Nische knapp unter dem Rand des Felssturzes. Hier müssen wir einhalten, denn die Steinschläge haben erneut heftig eingesetzt. Das Wetter verschlechtert sich. Gegen vierzehn Uhr werden wir von Hagel überrascht, der unterschiedlich stark bis achtzehn Uhr anhält. Dann wird es wieder kalt. Wie am vorhergehenden Abend fixieren wir die beiden längern Seilstücke — das eine achtzehn, das andere zweiundzwanzig Meter lang — auf der Strecke, die wir morgen besteigen wollen: ein vereister Schlauch unter dem linken Rand des Felssturzanrisses. Wir sind nun auf ungefähr 3700 Meter. In einem Tag sind wir nur gute hundert Meter höher gekommen. Keiner von uns denkt an eine Umkehr. Erstens wären die beiden Seilresten zu kurz, um abzuseilen, und dann hätten wir mit der gefährlichen abrasierten Zone zu rechnen, die praktisch die ganze abfallende Wand ausmacht. Jeder Versuch wäre Wahnsinn.

So biwakieren wir denn zum zweitenmal und weniger bequem als in der letzten Nacht. Es gelingt mir, in einem Plastiksäckchen etwas Wasser aufzufangen, das von der überhängenden Wand tropft. Damit stillen wir nach dem Essen unsern Durst. Kaum sind wir in die Biwaksäcke geschlüpft, als auch schon ein Gewitter losbricht. Es blitzt und donnert unaufhörlich, dichter Hagel fällt, und schließlich fängt es an zu schneien. Der Schneefall dauert die ganze Nacht.

Im Morgengrauen des Samstags schneit es immer noch, wenn auch nur leicht. Einige Stunden später reißt das Gewölk auf. Wir befinden uns auf einem völlig veränderten Berg: der Walkersporn vor uns ist zu einer blendendweißen, eintausendzweihundert Meter hohen Eissäule geworden. Wir entdecken vier dunkle Pünktchen. Es sind zwei Seilschaften, die durch das Unwetter im obern Drittel der Wand festgenagelt worden sind. Ich schaue lange auf jene vier Männer und habe Angst um sie. Dann sage ich mir, daß sie wahrscheinlich noch viel mehr Angst um uns haben würden, wenn sie uns zu sehen vermöchten.

Wir müssen unsern Aufstieg nun um jeden Preis fortsetzen, auch wenn wir nur fünfzig Meter im Tag höher kommen. Es gibt keine andere Möglichkeit mehr.

Wie am Vortag, setzen auch heute die Steinschläge kurz nach dem Morgengrauen wieder ein, aber gegen neun Uhr werden sie seltener. Widerstrebend nehmen wir den Aufstieg auf. Wir klettern einer vereisten, unerhört steilen Rinne entlang; es sind nur ein paar Dutzend Meter, aber wir brauchen dazu fast zwei Stunden. Als wir etwa die Hälfte dieser Passage hinter uns haben, stürzt ein weiterer Schub Gesteinstrümmer dicht neben Vaucher ab, der fünfzehn Meter unter mir ist. Er ist unverletzt, doch einer der beiden Seilreste ist noch einmal durchschlagen worden, drei Meter vom Knoten der Schlinge entfernt, in welcher Michel gesichert ist.

Seit zwei Tagen leben wir unter dem Steinhagel, so daß uns der neue Vorfall nicht mehr aus der Ruhe bringt. Mit einem einzigen Seil klettern wir am Rand der Absturzzone.

Die Möglichkeiten der Hakensicherungen werden derart spärlich, daß wir nach dem Ausklettern des achtzehn Meter langen Seils keine weitere Verankerungsstelle finden. Wir haben nur eine Lösung: der zweite am Seil steigt nach, statt in der Sicherungsstellung zu warten, wie es die Regel will. Auf diese Weise erhält der erste ein paar zusätzliche Meter Seil. Wir lösen uns in der Führung ab.

Bonatti und Tassotti biwakieren im Schneetreiben in der Matterhorn-Nordwand.   ▷

142

Endlich kommen wir aus der Zone hinaus, die dem Steinschlag ausgesetzt ist. Den ganzen Tag klettern wir dann an Kaminen und vereisten Überhängen, die mit Schnee beladen sind. Ihre Bezwingung verlangt eine Leistung, die an der Grenze des Menschenmöglichen liegt. Zuweilen klettern wir über fast senkrechte, von einer nur wenige Zentimeter dicken Eisschicht überzogene kompakte Granitplatten, die häufig ohne Hakensicherung überwunden werden müssen. Gegen abend schicke ich mich an, einen Haken einzuschlagen und versetze mir dabei einen wuchtigen Hammerschlag auf den linken Daumen. Für einen Augenblick fürchte ich das Bewußtsein zu verlieren. Dann läßt der Schmerz nach, und ich kann weiterklettern.

Unser drittes Biwak richten wir in einer vereisten Vertiefung ein, die wir wegen ihrer Ähnlichkeit mit der Spinne am Eiger mit dem gleichen Namen belegen. Heute sind wir 250 Meter geklettert, und ungefähr eine gleiche Distanz trennt uns noch vom Gipfel. Im Verlauf des Tages hat sich das Wetter gebessert, eine Feststellung, die unsern Lebensgeistern Auftrieb verschafft, auch wenn die Wand weiterhin völlig eingeschneit bleibt. Bevor die Dunkelheit hereinbricht, befasse ich mich mit dem Einrichten des fixen Seiles für den nächsten Tag. Das Kriechen über Schnee und Eis den lieben langen Tag hat uns völlig durchnäßt. Mit der Finsternis tritt eine für diese Jahreszeit ungewöhnliche Kälte ein. Vielleicht wird der günstigere Nordwind den Westwind verdrängen. Die Temperatur sinkt auf fünfzehn Grad unter Null ab.

Wir sind den 4000 Metern nahe. Für das Biwak richtet sich jeder auf einer Felsrippe ein, die er vom Eis befreit. Auf dieser Wand ist keine einzige Stelle zu finden, die zwei Personen aufnehmen könnte. Somit werden wir auch diese Nacht, wenngleich weniger weit als zuvor, wieder voneinander getrennt sein. Vaucher ist zwei Meter tiefer als ich. Er bereitet ein warmes Getränk zu und balanciert den Metakocher im Gleichgewicht, während ich mich bemühe, die Verankerung zu befestigen. Erst jetzt bemerken wir, daß wir seit zwei Tagen fast nichts gegessen und getrunken haben.

Während ich versuche, mich mit akrobatischen Verrenkungen auf dem flachen Buckel einzurichten, bewege ich das Seil, mit dem ich am Fels gesichert bin und auf welches ich meinen Schlafsack für einen Moment gelegt hatte. Als ich mich umdrehe, sehe ich gerade noch einen Schatten, der im Abgrund verschwindet. Es ist mein Schlafsack. Ein Wutschrei kommt über meine Lippen. Dieser Verlust ängstigt mich; denn große Schwierigkeiten trennen uns noch vom Gipfel, und ich muß die kommenden Nächte ohne jeden Schutz vor dem Frost verbringen. Mein Zorn legt sich ein wenig nach dem warmen Getränk, das mir Vaucher heraufreicht.

Der Himmel ist jetzt klar, die Luft beißend. Morgen wird es schön sein. Das ist tröstlich. Vor uns, in der Gipfelpartie der Pointe Walker, sehe ich ein Lichtchen aufleuchten. Dort ist das Biwak der vier — wie ich später vernehme — bewährten österreichischen und deutschen Bergsteiger. Wie wir sind auch sie gezwungen, nach oben durchzustoßen. Der Anblick des kleinen Lichts richtet mich auf. Ich möchte es im Auge behalten, aber der aufkommende frostige Wind peitscht mir das Gesicht und zwingt mich, den Kopf abzuwenden. Mein Körper, ohne den Schutz des Biwaksacks, wird langsam gefühllos. Ich stecke meine Füße in den Rucksack und warte eng zusammengekauert, bis die Nacht vorüber ist. Natürlich kann ich nicht einschlafen. Ich denke an viele Dinge, aber die Kälte läßt es nicht zu, daß ich mich auf einen Gedanken konzentriere. Ich verbringe die Zeit, die Kälteschauder zu bekämpfen. Ich reibe das Gesicht, schlage die Füße zusammen und massiere Arme und Beine. Der Wind weht mir feinen Schneestaub ins Gesicht. Die Stunden vergehen immer langsamer.

Am Sonntagmorgen verspätet sich die Sonne. Dicke Nebelmassen und gewitterschwere Wolken verwehren ihr den Durchbruch. Wir setzen uns gegen sieben Uhr dreißig in Bewegung. Mein linker Daumen, durch den erhaltenen Hammerschlag schwärzlich und geschwollen, zuckt und schmerzt unerträglich, sobald er mit etwas in Berührung kommt. Unter unendlichen Qualen steige ich dem fixen Seil entlang hoch, und nur die rechte Hand benützend, bewältige ich den Rest der eisüberzogenen Strecke der «Spinne». Bis zum Gipfel fehlen uns nun noch ungefähr zweihundert Meter. Der Fels ist kompakt, häufig überhängend und relativ schneefrei. Von diesem

Moment an übergebe ich die Führung bis zum Gipfel an Vaucher. Der Daumen schmerzt mich, als ob er brandig wäre. Es gelingt mir nicht, mich mit der linken Hand festzuhalten. Damit ich wenigstens mit einer Hand die Haken herausschlagen kann, muß mich Michel häufig als tote Last im Seil halten.

Im Verlauf des Vormittags erscheint ein Hubschrauber. Er kommt vom Mer de Glace her und gleitet mehrmals der Nordwand der Grandes Jorasses entlang. Es ist klar: er sucht etwas. Aber er fliegt zu tief, weit unter uns. Die unmöglichen Verhältnisse am Berg haben die Leute wahrscheinlich glauben lassen, daß wir auf dem Rückweg sind. Man sucht daher den untern Teil der Wand ab. Aber jetzt hebt sich die graue Libelle. Man erkundet die Gipfelregion und gelangt in unsere Höhe. Ich vermag mehrere Personen im Gehäuse zu erkennen. Wir winken wie verrückt mit den Armen, um ihre Aufmerksamkeit auf uns zu ziehen. Aber sie sehen uns nicht. Sie fliegen überall herum, außer in unserer Nähe.

Wir sehen dann, wie der Hubschrauber ein Manöver ausführt, das uns in Verwirrung stürzt: er gleitet immer mehr ab und erkundet sorgfältig den Fuß der vereisten Kluft, tausend Meter unter uns. Jetzt ist alles klar: sie konnten uns in der Wand nicht finden, halten uns für tot, und suchen nun unsere Leichen auf dem Gletscher. Die erfreuten Zurufe, die wir an den anfliegenden Hubschrauber gerichtet hatten, verwandeln sich in lautstarke Verwünschungen. Wir hoffen, der Hubschrauber werde uns doch noch entdecken, denn kehrt er ohne jede Nachricht von unserer Existenz zurück, werden unsere Lieben in eine qualvolle Ungewißheit gestürzt. Der Hubschrauber, nachdem er die Kluft durchforscht hat, steuert nochmals die Gipfelregion an und wendet zum Rückflug. Und damit verfliegt auch die einzige Gelegenheit, Nachricht von unserm Aufenthalt zu geben.

Der Rucksack, an das Seilende geknüpft, ist Bonattis «Gefährte» in den vier Tagen seines Alleingangs auf der direkten Route durch die Nordwand des Matterhorns. Es ist der 22. Februar 1965: in einigen Stunden wird der Gipfel erreicht sein. ▷

Nach diesem enttäuschenden Intermezzo konzentrieren wir uns wieder ganz auf die Wand. Gegen Mittag stecken wir im dichten Nebel. In der Nähe des Gipfels bewirkt der feuchte Wind auf Kleidern und Gesicht einen porösen, weißen Überzug. Wir geben unser Letztes her, um dem Gipfel «entgegenzulaufen», damit diese Hölle, die schon viel zu lange gedauert hat, endlich ein Ende findet. Die Kletterei erfordert viele Haken. Glatter und kompakter Fels wechselt mit unüberwindbar aussehenden Überhängen, die aber dann glücklicherweise Risse aufweisen. Der an sich schon mühsame Aufstieg wird durch die zu kurzen Seilfragmente noch erschwert; sie nötigen uns zu unvorgesehenen Kunststücken.

Wir sind immer noch Gefangene einer dichten Nebelbank, die unsere Sicht einschränkt. Aber jetzt legt sich die Zinne, die wir begehen, zurück, wird immer schmaler und geht schließlich in den Gipfel über. Es gibt nun keinen Berg mehr über uns. Fast plötzlich werden wir gewahr, daß wir unsere Wand bezwungen haben.

Wir haben es geschafft, trotz allen Widerwärtigkeiten! Wir haben jedoch keine Zeit, die Freude auszukosten, und müssen ungesäumt an das Problem des Abstiegs denken. Die anbrechende Nacht und das andauernde Unwetter verlangen einen Entschluß. Es ist achtzehn Uhr dreißig. Wir beginnen über den italienischen Hang abzusteigen. Aber ist es überhaupt der italienische Hang? Zweimal befällt mich großer Zweifel: kehren wir nicht auf den Hang zurück, über den wir aufgestiegen sind? Die Befürchtungen werden glücklicherweise gegenstandslos. Vom Instinkt geführt und von beobachteten Windverwehungen geleitet, beginne ich über die ersten Felsen abzugleiten.

Als wir zweihundert Meter unter dem Gipfel sind, zwingt uns die hereinbrechende Finsternis, einzuhalten. Wir müssen uns für das vierte Biwak einrichten, das nicht weniger qualvoll als die andern sein wird, denn es hat wieder zu schneien begonnen. In Kürze sind wir unter reichlich fallendem Schnee begraben. In zwei Stunden hätten wir im Talgrund sein können. Aber der Whympersporn, der uns im Aufstieg seine ganze Ablehnung entgegengesetzt hatte, will mit dieser letzten Überraschung auch noch unsere Rückkehr erschweren.

Vor fünfzehn Jahren, ebenfalls in den Augusttagen, hatte ich die Serie meiner großen Begehungen angetreten, indem ich den Nordsporn der Pointe Walker auf diesen gleichen Grandes Jorasses erstieg. Diesen Zyklus schließe ich nun hier, auf dem Whympersporn, ab, dessen strenge Formen mich seit je in ihren Bann gezogen hatten. Vielleicht hat mich das Schicksal mit seinen eigenen Gesetzen hierher gebracht. Die Wand, die ich eben bezwungen habe, ist einer der Prüfsteine eines traditionellen Alpinismus, der nunmehr leider am Erlöschen ist.

Leb wohl, Alpinismus!

Aus meiner Kindheit habe ich nur einige blasse Eindrücke bewahrt; meine erste und wirkliche Erinnerung fällt mit dem Ausbruch des Zweiten Weltkriegs zusammen. Ich war damals zehn Jahre alt, und von da an sind alle Jugenderlebnisse von der Erinnerung an den Hunger begleitet. Man muß den Hunger eines zehnjährigen Jungen einmal verspürt haben, um ihn zu verstehen; erst fünf Jahre später kann ich ihn stillen. Es ist an der Zeit, sich nach einer Arbeit umzusehen. Wenn man jung ist, vergeht die Zeit noch langsam, und jede Erfahrung gräbt sich tief in die Seele ein und hinterläßt dort eine unauslöschbare Spur. Dieser erste Teil meines Lebens ist von der düsteren Vorstellung vieler Luftbombardierungen überschattet. Ich sehe vor mir die Partisanen — Knaben, kaum älter als ich —, Spielgefährten, die von Kugeln durchlöchert, mit von Schuhen zertretenem Gesicht im Staube liegen. Dann, am Ende des Krieges, sehe ich die niedergemetzelten Körper von Mussolini und seinen Ministern, die bei einer Tankstelle aufgehängt sind. Verstümmelt und halbnackt baumelt dort der «Duce d'Italia», den wir in der Schule jeden Morgen vor dem Unterricht in Liedern als den mythischen und unsterblichen Retter des Vaterlands zu besingen hatten. Mit einem letzten tragischen Bild des Krieges beschließt sich meine Jugendzeit. Es sind die Tage des deutschen Rückzugs. In Cremona ist die Brücke über den Po zerstört. Ein Fährboot setzt mich auf das andere Ufer über, das nicht mehr wiederzuerkennen ist. Lastwagen, Kanonen, Panzerfahrzeuge, Munition, Helme — Kriegsmaterial aller Art steht und liegt herum. Behelfsmäßige Kreuze stehen da und dort auf Gräbern, aber der Leichengeruch, der sich in der Luft ausbreitet, besagt, daß noch unbestattete Gefallene da sind. Allein, mit einem Köfferchen in der Hand, marschiere ich etwa zehn Kilometer durch diesen endlosen Friedhof. Hier an diesem Ufer war das Reich meiner Kindheit: Weiden und Pappeln, unter denen das Zirpen der Grillen und das Quaken der Frösche zu hören war.

Seit damals sind viele Jahre verflossen und vieles, an das ich geglaubt hatte, ist zusammengebrochen. Trotz allem ist es mir gelungen, eine eigene Logik, einen eigenen

Lebensstil zu entwickeln. Die meiner Ansicht nach beste Erziehungsmethode ist die Auswertung der eigenen Erfahrungen. Heute würde ich meine Position mit keiner andern tauschen. Ich bin vierunddreißig Jahre alt und habe, alles in allem, kein leichtes Leben gehabt. Auch später, auf den Bergen, nicht. Aber aus einem gewissen Gesichtswinkel betrachtet, ist meine Existenz doch privilegiert gewesen; sie war ausgefüllt, erwünscht und voll erregender Sensationen und deshalb die einzige Wirklichkeit, die für mich tatsächlich zählt. Viele haben sich für meine bergsteigerischen Unternehmen interessiert. Unter diesen waren Leute, die meine Denkart und meine Ziele gebilligt und solche, die sie bemängelt und kritisiert haben; es gab Menschen, die mich gehaßt und andere, die mich anerkannt haben. Wenn auch viele meiner Erfahrungen die Frucht der komplexen menschlichen Wechselfälle sind, so muß gesagt sein, daß mein Erfolg mir allein gehört und ich immer mit dem Einsatz meiner Person dafür bezahlt habe. Das ist heute nicht selbstverständlich. Ich habe «unmögliche» Berge bestiegen, um meine eigenen Maßstäbe zu finden und weil mich die Schönheit der Gebirgsnatur dazu bewogen hat. Meine Abenteuerlust und der Drang nach Wissen haben ebenfalls einen Anteil daran gehabt. Mit meinem Individualismus, so hoffe ich wenigstens, habe ich auch dem menschlichen Fortschritt gedient. Habe ich nicht mit meinen Besteigungen in unwiderlegbarer Weise bewiesen, daß im Menschen Kräfte wohnen, die ihn ständig über sich hinauswachsen lassen? Und diese Kräfte sind Grundlage eines jeden großen Unternehmens. Ich sage dies alles, weil man sich in dieser Welt der Eingebildeten nicht mehr mit falscher Bescheidenheit begnügen darf.

Den Mut halte ich für die erste Tugend eines Menschen, Mut unter vielen Gesichtspunkten. Ich bewundere den Mut zur Tat, aber noch mehr den Mut zum Verzicht.

Eine wahre gegenseitige und gemütsvolle Zuneigung verbindet mich mit meiner Frau. Ich habe keine Kinder und möchte auch keine haben in einem Land, das es noch fertigbringt — es stand gestern in der Zeitung — eine Mutter zu feiern, die sechsundzwanzigmal geboren hat. Es gibt Augenblicke im Leben, in denen man das Bedürfnis empfindet, eine Bilanz zu ziehen, ein Generalinventar aufzustellen und sich über gehabte Erfolge und eingeheimste Niederlagen Rechenschaft abzulegen. Wir haben den Wunsch, einmal abzuklären, ob unsere Zielsetzungen gleich geblieben sind, oder in welchem Maß sie sich geändert haben. Damit die Selbstbefragung einen effektiven Nutzen bringt, muß man den schwierigen Standpunkt einnehmen, der halbwegs zwischen blinder Eigenliebe und übertriebener Selbsterniedrigung liegt. Für mich ist dieser Moment nun gekommen. Ich will daher jeden Abschnitt meiner vergangenen Jahre einer Untersuchung und Neubewertung unterziehen.

Um auf den Bergen zu leben, an die ich glaube und denen ich einen großen Teil meines Daseins gewidmet habe, hielt ich keine Arbeit unter meiner Würde, die mir die erforderlichen finanziellen Mittel einbrachte. Ich habe mich natürlich auch als Bergführer betätigt, bin aber bald wieder davon abgekommen, denn ich hatte das Gefühl, durch diese Tätigkeit mein Ideal zu profanieren. Ich konnte nicht einfach irgendwen an mein Seil nehmen. Es gelang mir auch nicht, aus einer Bindung, die für mich nur ihren Sinn in einer Freundschaft mit dem Seilgefährten hatte, Geld herauszuschlagen. Ich war also ein schlechter Führer, und dennoch mußte ich leben. Ich begann dann Vortragsabende zu halten und zeigte die Bilder, die ich als leidenschaftlicher Photograph während meiner Begehungen aufgenommen hatte. So «führte» ich weiterhin begeisterte Kletterer auf die Gipfel, aber der Kontakt mit dem Berg war fern der rauhen Wirklichkeit. Ich hatte damit eine annehmbare und befriedigende Lösung gefunden, den «Beruf» zu ersetzen. Meinen Vorträgen war auch außerhalb der bergsteigerischen Kreise Erfolg beschieden. Zeitungen und Zeitschriften begannen meine Mitarbeit zu suchen und machten mir interessante Vorschläge für Reisen und Expeditionen in ferne Länder. Ich akzeptierte alle und brachte sie mit meinem Leben als Alpinist in Einklang. Nun bin ich an einem wichtigen Wendepunkt.

Auf der einen Seite erwartet mich eine weite, abenteuerliche Welt, die ich zwar kaum flüchtig kenne, aber sicher lieben werde; auf der andern Seite ist der Alpinismus, müde und in Mittelmäßigkeit erschöpft, sind der Neid und die Verständnislosigkeit. Seit Jahren lebe ich in einer Stimmung, die an den Grenzen des Erträglichen liegt. Um mich herum existiert nicht jene freundschaftliche Atmosphäre, welche Beglückung zu geben vermöchte. Die zermürbende Selbstverteidigung, zu der ich gezwungen bin, höhlt mich aus und bedrückt mich. Ich verabscheue das Märtyrertum, aber man treibt mich hinein. Vielleicht handeln meine Widersacher so, um zu beweisen, daß auch ich nur ein menschliches Wesen bin. Und ich bin es tatsächlich, auch wenn mein Hang zum Alleinsein oft nicht verstanden wird. Nicht der Berg hat mich enttäuscht, sondern die undurchsichtige Haltung gewisser Leute.

Ich habe mich entschieden. Ich werde von den Bergen herabsteigen, aber sicher nicht, um im Tal zu verweilen, denn dort oben habe ich andere, weitere Horizonte gesehen und erkannt. Eine große Zeitung, die mir vertraut, gibt mir die Möglichkeit, dorthin zu gelangen. Es sind nun diese neuen Ziele, die mir vor allen andern Dingen am Herzen liegen. Von jetzt an werde ich durch große Wälder und Wüsten ziehen und über grenzenlose Meere fahren. Ich werde verlorene Inseln aufsuchen, märchenhafte Berge und Vulkane ersteigen, eisige Gegenden bereisen, primitive Völker und die Überreste untergegangener Kulturen besuchen. Ich werde mich weiterhin des humanen Mitempfindens bemühen, das mich auf meinen Bergfahrten nie verlassen hatte. Im Geiste werde ich Tausende von Lesern mit mir nehmen, die für den Zauber des Abenteuers empfänglich sind. Meine Wahl ist bestimmt kein Verrat am Berg, denn ich will meine Liebe zu ihm auf die Natur im allgemeinen übertragen; auf eine Natur, die von den gleichen Gesetzen geregelt wird, und die eine gleiche Selbstaufopferung verlangt.

Die Ostwand des Montblanc: die Brenva-Flanke. ▷

Matterhorn-Nordwand: letzter Alleingang

Es ist das Jahr 1965. Ein Jahrhundert zuvor eroberten der Engländer Edward Whymper und seine sechs Gefährten mit einer legendären Besteigung über den Hörnli-Grat den Gipfel des Matterhorns. Beim verhängnisvollen Abstieg stürzten vier von ihnen über die Nordwand ab. Jean Antoine Carrel, der unerschrockene Bergführer aus Valtournanche, der nach jenem glorreichen und zugleich tragischen 17. Juli mit dem gleichen Ziel den schwierigen italienischen Lion-Grat beging, verlor die schon seit geraumer Zeit gegen den englischen Gentleman geführte «Schlacht». Aber zwei Tage nachher kehrte Carrel zum Matterhorn zurück und krönte seine Anstrengungen mit der erfolgreichen Begehung einer von ihm erkundeten Route. Aus jenem bedeutsamen «Wettbewerb» erwuchs die Eroberungsfreude beim traditionellen Bergsteigen, welches das Matterhorn schon immer zu seinem Symbol erklärt hatte.

Eine nach der andern und zu verschiedenen Zeiten kapitulierten Wände und Grate der großartigen Pyramide. Diese Nordwand ist unter allen Wänden die eindrucksvollste und schwierigste und deshalb begehrt und umkämpft. Erst im Sommer 1931 erzwangen die Brüder Toni und Franz Schmid aus München den Durchstieg.

Die Nordwand des Matterhorns vereinigt in sich alle bergsteigerisch interessanten Elemente, was sie zu einem der härtesten Prüfsteine der Alpen macht. Sie gehört daher zum «Elite-Trio»: Matterhorn, Eiger, Jorasses. Die erste Winterbegehung dieser Wand, wegen des hohen Schwierigkeitsgrades begehrt, wird im Februar 1963 von den großartigen Schweizern Hilti von Allmen und Paul Etter bewältigt.

Ist nun auf dem prachtvollen Matterhorn wirklich alles «ausverkauft»? Nein. Gerade seine große Nordwand erwartet noch die Begehung durch den direktesten Aufstieg über eine Route, die sich eigentlich schon seit 1928 aufdrängte, als die ganze Mauer noch unbezwungen war. Aus jener Zeit datiert denn auch der unglückliche Besteigungsversuch von Kaspar Mooser und Viktor Imboden auf dem senkrechten Abbruch der weiten Nordwand.

Meinem Entschluß getreu, denke ich schon seit Monaten an keine großen Begehungen mehr. Ein Übereinkommen mit der Wochenschrift «Epoca» verpflichtet mich, im

Frühling zu einer langen Fahrt nach Kanada und Alaska aufzubrechen. Aber der Holzwurm des extremen Bergsteigens, wahrscheinlich doch nicht völlig in Lethargie verfallen, beginnt sich zu regen. Es ist das Gedenkjahr der ersten Besteigung des Matterhorns. Dieser Anlaß läßt in mir einen alten Plan wiederaufleben; ich will eine direkte Route in der Aufstiegslinie Mooser-Imboden über die Nordwand erkunden. Bin ich vom historischen Ereignis fasziniert, oder ist die Hundertjahrfeier nur ein Vorwand? In Wirklichkeit trage ich mich schon lange mit der Absicht, das Matterhorn zu besteigen und auf meine Art die hundert Jahre seiner Geschichte zu ehren. Ich entschließe mich, meine Vorsätze noch einmal beiseite zu schieben, um sie nachher ohne Bedauern wieder zu halten. Ich muß für mein Vorhaben den Winter benützen, da mich im nächsten Sommer der Ozean vom Matterhorn trennen wird.

Jeder, der den Zenith seiner Laufbahn erklommen hat, findet überall Freiwillige, die bereit sind, ihm gleichgültig wohin zu folgen. Das ist im Alpinismus nicht anders. Aber das Leben hat mich längst gelehrt, daß auch der bestausgewiesene Fachmann unter diesen Gefolgsleuten nicht den bescheidensten, wahren Freund ersetzt. Der Freund ist für mich eine Oase in der Wüste der menschlichen Beziehungen: unter meinen Freunden werde ich die Gefährten für mein neues Unternehmen auswählen. Pierre Mazeaud lebt in Paris, etwas weit weg, um engeren Kontakt zu pflegen; dazu nehmen ihn die Verpflichtungen eines Abgeordneten sehr in Anspruch. Das gleiche gilt für Michel Vaucher, der Professor für Mathematik in Genf ist. Carlo Mauri, mein getreuer Gefährte auf vielen alpinen und außereuropäischen Unternehmen, ist noch nicht völlig von seinem Skiunfall genesen. Roberto Gallieni hatte ebenfalls ein Mißgeschick auf der Piste. Von allen «Vertrauten der Berge» verbleiben Gigi Panei und Alberto Tassotti: sie werden meine Gefährten sein. Der erste stammt aus den Abruzzen und der andere aus den Karnischen Alpen. Beide sind nicht mehr jung, aber hart und mit dem Herzen immer schon jenseits aller Hindernisse. Aus Liebe zu den Bergen leben sie so wie ich seit Jahren am Fuß des Montblanc; auf diesem Berg wird Gigi Panei zwei Jahre später in einer Lawine umkommen.

Wir steigen am 10. Februar in die Wand ein. Sie ist gleich zu Anbeginn steil, verschneit und schwierig. Eine Dreierschaft kann nicht rasch vorankommen, weil die Sicherungen zeitraubend sind. Die Tage sind kurz, aber wir kommen trotzdem hoch. Wir sind gut aufeinander eingespielt, voller Freude und glücklich, auf diesem Berg beisammen zu sein. In den kurzen Weisungen, die in einer Seilschaft von Mann zu Mann gegeben werden, tauchen wieder die alten Decknamen aus der Kriegszeit auf. Aus Panei wird wieder «Goitone» und aus Tassotti «Tass» — es ist, als hätte die Zeit einen Schritt in die Vergangenheit getan.

Wir stoßen auf keine Spuren, die von Vorgängern stammen könnten. Offensichtlich haben Mooser und Imboden aufgegeben, bevor sie die Passage erreicht hatten, die ich in der Folge «Quergang der Engel» nenne. In drei Tagen gelangen wir zur ersten Schlüsselstelle der Wand: die überhängende Felsbarriere, die quer verläuft und dem Fels eine fast spiralförmige Bewegung gibt. In der Nacht bricht ein Sturm los, der uns festnagelt und wenig Hoffnung auf Besserung läßt. Wir stecken in den Biwaksäcken, fast über der Wand pendelnd. Nur zwei kleine rote Nylonplanen in Sackform schützen den oberen Teil unseres Körpers gegen die heftigen Windstöße, die Eisstaub auf uns niedergehen lassen. Die Windgeschwindigkeit beträgt mehr als hundert Stundenkilometer. Die Planen flattern und knattern, daß uns angst und bange wird. Vierundzwanzig Stunden später erreicht der Sturm seine größte Intensität. Unversehens bläht sich die Plane, unter welcher Tassotti und ich stecken, wie ein Segel auf. Wir müssen zusehen, wie inwendig eine Verstärkung nach der andern reißt, und eine besonders heftige Bö läßt den Sack vollends platzen. Wir versuchen verzweifelt, die davonfliegenden Fetzen zu halten, um damit wenigstens das Gesicht zu schützen, denn der scharfe Wind droht uns zu ersticken. Unter diesen Umständen verbringen wir die Nacht. Das Barometer sinkt um weitere fünfzehn Millimeter. Jetzt dürfen wir keine Zeit verlieren. Am Morgen beginnen wir bei wütendem Sturm den akrobatischen Rückzug: Abgleiten am Doppelseil über vierhundert Meter.

In Zermatt entwickeln sich die Dinge zu meinen Ungunsten. Tassotti, Oberfeldwebel der militärischen Hochgebirgsschule, kann seinen Urlaub nicht verlängern und muß zu seiner Einheit zurückkehren. Panei, Trainer einer Skimannschaft, steht unter dem Druck der herannahenden nationalen Skimeisterschaften und fällt ebenfalls aus. Er läßt mich zwar hoffen, daß er unter Umständen zurückkehren könne. So verbleibe ich denn allein in Zermatt, um das Feld zu «behaupten» und auf Paneis Rückkehr zu warten, von der ich allerdings nicht allzu überzeugt bin. Ich kenne seine Verpflichtungen.

Die Presse, diese grausame Klinge mit doppelter Schneide, meldet unsern erfolglos gebliebenen Versuch in augenfälligen Schlagzeilen. Die Bedeutung der neuen Route auf das Matterhorn und, warum nicht, das Versagen Bonattis sind Elemente, die Aufmerksamkeit erwecken. Die Sache wird natürlich bis ins Detail ausgeschlachtet. Man holt das alpinistische Problem aus seinem vierzigjährigen Dornröschenschlaf und schürt damit ein Wettrennen, das selbst den «harmlosesten» Kletterer auf die Beine bringt. Der ausgeworfene Köder tut seinen Dienst, und in den europäischen Zeitungen kann man lesen, daß sich der Franzose oder Deutsche oder Schweizer darauf vorbereitet, Erfolg zu haben, wo Bonatti versagt hat.

Es vergehen kummervolle Tage, die mich etwas an jene erinnern, die der Tragödie am Zentralpfeiler des Montblanc folgten. Das Wetter bleibt weiterhin unsicher. Wie ich es geahnt hatte, telephoniert mir Panei eines Tages, daß er nicht mehr zurückkommen könne. «Dann gehe ich eben allein!» schreie ich wütend in die Muschel. Allein? Ist das in diesem Fall nicht ein absurdes Wort? Ist es nicht nur Ausdruck unbeherrschter Erregung, der Auflehnung? Nach und nach beginne ich das «Allein» zu erwägen und ihm einen Sinn zu geben. Warum habe ich nicht schon vorher daran gedacht; es ist doch die einfachste Sache der Welt! Nun wünsche ich mir nichts anderes mehr. Sobald sich das Wetter bessert, werde ich den Weg zum Matterhorn wieder unter die Füße nehmen. Ist die Wandlungsfähigkeit der menschlichen Seele nicht überraschend?

Der Abmarsch am 18. Februar erfolgt in einer spannungsgeladenen Atmosphäre: es sind viele Worte über meinen erfolglosen Versuch verschwendet worden, und ich

160

möchte nicht nochmals Anlaß zu weiteren Kommentaren geben. Die Sache wird daher in aller Heimlichkeit vorbereitet. Bei mir sind mein Zermatter Freund Daniel Pannatier, der Genfer Guido Tonella und Mario De Biasi, mit dem ich an der faszinierenden Expedition nach Sibirien teilgenommen hatte. Ich habe die drei gebeten, mich bis zum Schwarzsee zu begleiten, um einen simplen Skiausflug vorzutäuschen und um Neugierige abzuhalten. Dort oben, im Schutze eines Felsens, ziehe ich die Kletterausrüstung an und packe den Rucksack. Aber im Augenblick des Abschieds von meinen Freunden übermannt mich die Rührung; ich möchte mich heiter und gelassen zeigen, aber es gelingt mir nur, einen erstickten Gruß zu stammeln. Ich flüchte sozusagen weg. De Biasi fühlt, was mit mir los ist, und unter einem Vorwand begleitet er mich noch ein Stück. Über mir türmt sich das Matterhorn düster in den fast blauschwarzen Himmel. Die Felsen erscheinen messerscharf. Um uns herum ist eine bedrückende Einsamkeit. Wie soll ich mich entscheiden? Soll ich den Freund nun zurückschicken, weil der Aufstieg bereits schwierig und gefährlich wird, oder soll ich einem egoistischen Wunsch nachgeben und ihn so lange als möglich bei mir behalten? Ich muß den Dingen ihren Lauf lassen. Wir erreichen die Hörnli-Hütte am späten Nachmittag. Ich beschließe, bis an den Einstieg der Nordwand weiterzugehen. Die Wände der Hütte würden mich die Einsamkeit noch deutlicher spüren lassen. De Biasi begleitet mich immer noch. Vor einer Eiszunge wird er später einhalten, aber bis dann koste ich jede Minute seiner Anwesenheit aus.

Auf dem Joch empfängt uns ein frostiger Schatten; die Sonne ist hinter dem Matterhorn untergegangen. Was geht eigentlich in mir vor? Warum fürchte ich nun das Alleinsein so sehr, nachdem ich es mir doch so lange gewünscht habe? Ich werde die Mutlosigkeit nicht los und kann sie vor meinem Gefährten auch nicht verbergen. «Ich wollte, ich wäre Bergsteiger, um dich zu begleiten», sagt De Biasi, während er sich mit einer Umarmung von mir verabschiedet. Auch diesmal vermag ich nicht zu antworten; meine Kehle ist wie zugeschnürt.

Ich habe nicht den Mut, mich umzudrehen, denn ich will nicht sehen, wie sich mein

Freund entfernt. Es ist spät geworden, und er hat einen langen Weg vor sich. Es ist Zeit, daß er geht. Kurz darauf zwingt mich eine Spalte zu einem langen Schritt, worauf ich mich doch nochmals umwende. De Biasi hat sich nicht vom Fleck gerührt. Erst jetzt bringe ich einen Abschiedsgruß heraus: «Alles wird gut gehen!» rufe ich. «Sicher, Walter», antwortet er und verschwindet bald hinter einem Grat.

Ich bin von meinen Gefühlen und der Stille, die den Berg in der Stunde des Sonnenuntergangs umgibt, ganz betäubt. Ich fühle mich in einer leeren, erloschenen Welt, die Mensch und Leben abweist. Die Dinge scheinen in der Luft zu hängen: der Fels, das Eis, der Schnee, ja selbst der Berg — alles schwebt zwischen Wirklichkeit und Vorstellung. Um nicht der Angst zu erliegen, zwinge ich mich, nichts mehr zu denken und marschiere wie ein Automat zum Fuß der Wand weiter. Ich übersteige den großen Eisturm. Auf dem «Plateau» entdecke ich Spuren im Schnee, die wir bei unserem früheren Versuch hinterlassen haben, und die der Wind nun verhärtet hat. Aber diese Entdeckung bringt mir weder Erleichterung noch Aufmunterung.

Die Dunkelheit bricht herein, als ich dabei bin, auf dem Gletscher einen Platz herzurichten, wo ich mich in meinem Biwaksack hinkauern kann. «Wenn doch nur schlechtes Wetter käme! Dann könnte ich morgen aufgeben und zurückkehren. Wie, wenn ich es sofort täte?» Da blitzen in Zermatt die Lichter auf. Jene Lichter bringen mich auf tausend Gedanken, die jedoch alle zum gleichen Punkt führen: Ist es nicht besser, aufzugeben? Die ganze Nacht vergeht, ohne daß der Schlaf meinen Kummer dämpft. Die Augen können sich nicht von der Wand lösen, die sich jetzt schattenhaft über mir erhebt.

Am Morgen wird die Kälte unerträglich. Ich schlüpfe aus dem Sack und recke mich. Ich fühle mich erschlagen. Bevor ich die ersten Schritte tue, überlege ich nochmals, ob ich sie zur Wand oder nach Zermatt hinunter richten solle. Dann gehe ich den Weg zur Wand und weiß, daß ich jetzt eine wirkliche Mutprobe gegenüber mir selbst antrete.

Der Grand Capucin (3838 m) — kühnster Granitobelisk der Alpen. ▷

Die große Mauer zeigt sich feindlich. Ich muß einen Haken schlagen und schnüre den Sack auf, um ihn herauszuholen. Während ich den Inhalt durchwühle, erwische ich ein Paar Skifelle. Weiß Gott, wie die da hineingekommen sind. Schweren Herzens muß ich mich dazu entschließen, sie wegzuwerfen. Zizi scheint zu dieser spaßigen Überraschung zu lächeln. Zizi ist der kleine Stoffbär, den mir Pannatiers jüngster Sohn als Maskottchen für dieses Abenteuer geschenkt hat. Seit gestern trage ich das Bärchen am Rucksack und habe es recht gern. Die Kletterei nimmt mich vollständig in Anspruch. Sie ist eine wahre geistige Befreiung. Der erste Tag geht rasch und sozusagen ohne Geschichte vorbei. Ich bin derart beansprucht, daß ich nicht einmal Zeit zum Essen finde. Ich klettere einfach drauflos. Zuerst sichere ich den Rucksack an einem Haken, als ob er mein Seilgefährte wäre. Dann klettere ich die ganze Seillänge — vierzig Meter — aus, schlage einen Haken ein und hänge das Seilende daran. Nachher gleite ich wieder zum Sack hinunter, nehme ihn auf die Schultern und klettere wieder zum höchsten erreichten Punkt auf. Unterwegs schlage ich die Haken wieder heraus, die noch in der Wand sind. Zeit und Mühe spielen jetzt keine Rolle mehr. Wenn ich auf dem Gipfel stehe, habe ich das Matterhorn zweimal im Aufstieg und einmal im Abstieg bewältigt!

Die Nacht überrascht mich zum zweitenmal in der Wand, fünfzehn Meter vom einzigen Felszacken entfernt, auf dem man sich verankern kann. Im Dunkeln erzwinge ich mir den Weg und erreiche den Felsen noch rechtzeitig, um die Lichtsignale aus dem Tal wahrzunehmen, die ich mit De Biasi vereinbart hatte. Ich antworte. Der Wind peitscht die Wand. Obschon ich brennenden Durst verspüre, kann ich mich nicht dazu aufraffen, Schnee zu schmelzen, um mir ein Getränk zuzubereiten. Ich schnüre mich in den Biwaksack ein. Bilder, klare und verschwommene, ziehen an meinem Geist vorüber. Ich sehe die sibirischen Jurten, meinen Vater, das Meer von San Fruttuoso, die Rosen im Garten meiner Freunde, Inspektor Maigret, der aus einem Henkelkrug Bier trinkt, und schließlich die Gesichter der Menschen, die ich liebe. Neuerdings befällt mich ein Gefühl grenzenloser Verlassenheit.

Im Laufe der Nacht verfinstert sich der Himmel. Es scheint fast, als wolle sich das Wetter ändern. Ich konsultiere das Barometer, aber es steht unverändert hoch. Wenn ich ihm vertrauen darf, habe ich keinen Grund zur Besorgnis. Wenn ich jedoch meinem Instinkt folgte, dann müßte ich mich nun sofort auf den Rückweg machen. Nach meiner Rückkehr vernehme ich dann, daß in jener Nacht auf der italienischen Seite des Matterhorns fünf Zentimeter Schnee gefallen waren. Im beginnenden Tag lösen sich die Nebelbänke auf, und es wird wieder strahlend schön.

Es ist beinahe zwölf Uhr, als ich den «Quergang der Engel» in Angriff nehme. Der Fels, extrem glatt und kompakt, gestattet es nicht, viele Haken einzuschlagen, und auch die sitzen noch schlecht. Die Neigung ist derart, daß ich nahezu akrobatische Kunststücke durchführen muß, die meine höchste Konzentration erfordern. Der «Quergang der Engel» ist von lockerem Schnee bedeckt, den ich vor jedem Schritt wegwischen muß. Hätte Panei damals nur einige Haken weniger herausgeholt — wieviel leichter hätte ich es heute! Es sind hundertzwanzig Meter Querung von rechts nach links auf steilen, vereisten Platten zu bewältigen, was mich bis zum Abend beansprucht. Vorsichtig weitersteigend, schlage ich einige Haken ein, die mehr moralische als effektive Sicherung bieten. Dann kehre ich zurück, hole den Sack, der mir in meiner zunehmenden Müdigkeit immer schwerer erscheint, und mache dann den Weg zum zweitenmal. Unterwegs entferne ich noch die Haken. Eigentlich sollte ich rasten, um etwas zu essen, aber ich denke gar nicht daran. Während des ganzen Tages habe ich nur ein paar Würfel Zucker im Mund zergehen lassen.

Hin und wieder sehe ich Flugzeuge. Man sucht mich, und vielleicht hat man mich schon aufgespürt. Die Flugzeuge steigen und sinken in weiten Spiralen wie vom Wind getragene Raubvögel.

Gegen abend erreiche ich den Biwakplatz, auf welchem wir, Panei, Tassotti und ich, einen Tag und zwei Nächte im Sturm ausgehalten hatten. Dort finde ich ein Dutzend Haken und ein Säckchen mit Lebensmitteln, die wir zurückließen. Panei, der mit dem Einsammeln der Haken beauftragt war, hatte seine Aufgabe, da er nicht mit dem

Rückzug rechnete, so gewissenhaft ausgeführt, daß ich in den zwei letzten Klettertagen nur einen einzigen Haken wiedergefunden habe. Ich verankere mich an der Wand, und mit dem Kocher auf den Knien bereite ich mir ein warmes Getränk. Ich ertappe mich, wie ich mit lauter Stimme zu meinen Gefährten spreche, die gar nicht vorhanden sind.

Wie jeden Abend, wenn die Tagesleistung vollbracht ist, bestürmen mich tausenderlei Gedanken, und ich fühle wieder das ganze Ausmaß meiner Einsamkeit. Was wartet mir, wenn ich die nächsten Überhänge bezwungen habe? Eine Möglichkeit zur Umkehr ist nicht mehr gewährt. Oben ist die spiralförmige Felsverwerfung, die im Abstieg komplizierte Abseilmanöver und Pendelquerungen verlangen würde. Jeden Tag entferne ich mich etwas weiter vom pulsierenden Leben, das mir bequem und verlockend erscheint, seit ich hier zwischen Himmel und Erde hänge. Aus der Nähe betrachtet, ist es doch oft recht banal und enttäuschend. Dennoch ist die Einsamkeit hier beängstigend und unmenschlich. Ich frage mich ernsthaft, ob ich nicht die Grenzen der Vernunft überschreite oder aus purem Stolz das Schicksal herausfordere. Die Vernunft gestattet es mir, das Matterhorn anzugehen, und das Schicksal entscheidet, ob ich auf den Gipfel gelange oder nicht. Und so soll es auch sein.

Ich schaue nach der Uhr: in wenigen Minuten wird es halb acht sein, die Zeit der Signale. Zermatt ist beleuchtet. Aber es sind nicht diese Lichter, die ich erwarte. Heute abend werde ich eine wichtige Nachricht zu übermitteln haben: ich bin entschlossen, bis zum Gipfel durchzuklettern.

Etwas später, als ich die von De Biasi abgegebenen Lichtsignale empfangen habe, antworte ich mit einer weißen Rakete, die meinen Standort angibt, und lasse eine grüne folgen, die signalisiert, daß ich weitersteigen werde. Die rote Rakete ist nun überflüssig geworden; ich werfe sie in den Abgrund. Sie hätte dazu gedient, den Abbruch meines Unternehmens anzuzeigen. Beim Einrichten des Biwaks entgleitet mir der Kletterham-

---

Der Dru (3733 m). Aus dem vereisten Couloir erhebt sich der «Bonatti-Pfeiler». ▷

Mit dem Rücken lehne ich gegen die senkrechte Wand, die Füße baumeln ins Leere. Zwei Seilschlingen halten mich fest: die eine um die Brust, die andere um die Knie. Meine Hand im Biwaksack umklammert nervös die kleine Taschenlampe, mit der ich die Lichtsignale aus dem Tal beantworten will. De Biasi wird bestimmt meinen Aufstieg von einer Alphütte aus verfolgen.

Bis zur verabredeten Zeit fehlen nur noch wenige Minuten. Es ist Vollmond, aber der Schattenkegel, den der Berg ins Tal wirft, taucht den Standort meines Freundes ins Dunkle. Ich habe nur einen Wunsch: die Signale empfangen und darauf antworten. Zuerst werde ich drei oder vier langsame und dann mehrere kurze Blinkimpulse geben, um anzuzeigen, daß alles in Ordnung ist, daß ich diese Nacht überstanden habe und bis zum Gipfel weiterkämpfen werde. Endlich sehe ich das Lichtchen aufblitzen. Es ist etwas kleiner als gestern, denn ich bin ja inzwischen höher hinaufgestiegen. Von hier aus gesehen scheint es eine glühende Nadelspitze zu sein. Vielleicht sehe ich es zum letztenmal; denn mit ein bißchen Glück werde ich morgen auf dem Gipfel sein. Ich verfolge die langsam abgegebenen Signale, die nach vier Impulsen aufhören. Jetzt ziehe ich meine Lampe aus dem Sack und antworte im gleichen Rhythmus. Mein Standort ist erkannt worden. Ich antworte eiliger als sonst; jenes kleine Lichtpünktchen, das vom zweitausend Meter tiefer liegenden Tal zu mir heraufdringt, ist das einzige Zeichen menschlicher Wärme, das mich seit drei Tagen und drei Nächten begleitet.

Der Himmel wird grau: es dämmert. Die Lichter von Zermatt verlöschen eines nach dem andern in der Helle des neuen Tages. Alles verändert sich in blaue, klare Unendlichkeit ohne Horizonte und ohne Erdenschwere. Diese Weite hält mich in ihrem Bann, und ich schlürfe gierig den berauschenden Zauber, der vom unerklärbaren Universum ausgeht. Hier ist jener berühmte Ausspruch am Platz, der besagt: «Das

---

Die Nordwand des Pilier d'Angle: Vom Autor als die wildeste, abweisendste und gefährlichste (Fels/Eis)Wand der Alpen bewertet. ▷

Zentrum ist überall, das Ende nirgends!» Hier in dieser Stille kreisen meine Gedanken und versuchen meinem Abenteuer einen Sinn zu geben.

Vor hundert Jahren war Whymper in der Postkutsche nach Zermatt gekommen, um diesen Berg zu besteigen. Er hatte eine Expedition von Führern und Trägern zusammenstellen müssen, wie man dies heute noch in den Anden und im Himalaja tut. In diesen Tagen aber wird eine Raumsonde, die Ranger 8, vom Menschen auf den Mond geschossen; man will Bildberichte über die Beschaffenheit der selenischen Landschaft erhalten, auf welcher in absehbarer Zeit jemand landen wird. Hundert Jahre Geschichte und schwindelerregender technischer Fortschritt trennen die beiden Unternehmen voneinander. Und dennoch: ich, Mensch meiner Zeit, habe das Bedürfnis verspürt, altes Heldentum im Geist von David und Goliath zu erleben. Und ich bin sicher, daß meine kleine grüne Rakete von gestern nacht dort unten im Tal als Botschaft verstanden worden ist und die Herzen gerührt und menschlicher gemacht hat.

Die wiederaufgenommene Kletterei erweist sich schon zu Beginn als unerhört hart: ein überhängender Aufschwung von ungefähr dreißig Metern lockerem Fels erhebt sich über meinem Kopf und muß überstiegen werden. Die Nähe der Flugzeuge, die am Himmel kreisen, läßt mich ahnen, daß die Gipfelregion nicht mehr weit ist. Nochmals suche ich den Sack zu erleichtern, damit ich rascher vorankommen kann. Weitere Lebensmittel, ein Paar Steigbügel und Haken fliegen in den Abgrund. Es verlockt mich, auch den Schutzhelm fortzuwerfen, den «glorreichen» Helm, der mich seit vier Jahren auf den schwierigsten Unternehmen begleitet hat. Nach einem Augenblick des Zögerns presse ich ihn an meine Brust. Ich streiche mit der Hand über seine Beulen; jede von ihnen entspricht einem der Steine, die der Montblanc, die Anden und viele andere Berge nach mir geschleudert hatten. Ich stecke ihn zum Stoffbär in den Sack und steige weiter auf.

Gegen Mittag glaube ich, menschliche Stimmen durch die Windstöße hindurch zu vernehmen. Wenige Minuten später wiederholen sich die Rufe. Es kann kein Zweifel bestehen: jemand ist dort oben. Aber wo? Auf dem Gipfel oder auf einem der beiden

Grate? Dann rufe auch ich in die Höhe hinauf: «Wer seid ihr? Wo seid ihr?» Ihre Antwort wird mir die Richtung zum Gipfel weisen. Von meinem jetzigen Standort aus kann ich nur Felsen ohne klare Formen sehen; gegen den blauen Himmel gereckt, scheint das Matterhorn keinen Gipfel zu haben. Die Stimmen verlieren sich im Getöse des Windes, und alles ist wie vorher. (Nach meiner Rückkehr vernehme ich dann gerührt, daß drei Führer aus Breuil über die Normalroute auf den Gipfel des Matterhorns gestiegen sind. Zu meiner Ehre richteten sie das eiserne Kreuz wieder auf, das Winterstürme zu Boden gedrückt hatten.)

So bin ich denn immer noch allein mit meiner Erschöpfung. Die Anstrengungen dieser Tage und die immer dünner werdende Luft lassen den Sack fast unerträglich schwer werden. Ich komme mir vor wie eine biblische Figur, die dazu verdammt ist, in aller Ewigkeit aufzusteigen, um sich von ihren Sünden zu befreien.

Gegen drei Uhr nachmittags, als ich nur noch fünfzig Meter unter dem Gipfel bin, erblicke ich unerwartet das Kreuz. Die Sonne bestrahlt es von Süden her; es leuchtet, als ob es in Weißglut stände. Ich muß an den Glorienschein eines Heiligen denken. Selbst die Flugzeuge, die mich mit ihren brummenden Motoren betäubt haben, scheinen die Feierlichkeit dieses Augenblicks zu fühlen. Sie entfernen sich eine Weile und lassen mich die letzten Meter in Stille und Alleinsein erklimmen. Benommen breite ich die Arme aus, umfasse das eiserne Skelett des Kreuzes und drücke es an meine Brust. Dann geben meine Knie nach, und ich kann die Tränen nicht zurückhalten.

Die «Grivola Bella». ▷

Eine Medaille, die schwer wiegt...

Die neue Route über die Nordwand des Matterhorns, die ich im Gedenkjahr bestiegen habe, ist mein endgültiger Abschied vom extremen Bergsteigen. Gewiß, man mißt bei solchen Unternehmen vor allem die Bewährung der Beteiligten; ich aber habe die Besteigung unternommen, um meine Liebe zu den Bergen zu unterstreichen und um das Andenken des großen Whymper und seiner vier abgestürzten Kameraden zu ehren. Nicht zuletzt soll sie dem ausdauernden und willensstarken Jean-Antoine Carrel ein Denkmal setzen. Sie soll auch mehr sein als ein alpinistischer Erfolg; sie soll den Sieg des Menschen über sich selbst und seinen Einsatz für eine hohe Ethik verkörpern. Diese Erkenntnisse rechtfertigen meinen Durchstieg der Nordwand, denn sie haben für mich essentiellen Wert.

Dennoch ist meine Nordwand als «Begehung mit drei übermenschlichen Rekorden» eingestuft worden: direkt, allein, im Winter. Dazu schreibt ein Journalist: «Mit dieser einmaligen Begehung ist der Anfang einer Geschichte auf die Wand geschrieben worden, die nach Fortsetzungen ruft und neue Männer und vielleicht Jahrzehnte zu ihrer Vervollständigung benötigt.» Es gab Leute— der Schriftsteller Dino Buzzati und der seefahrende Einzelgänger Sir Francis Chichester —, die sie als «außergewöhnlich» definierten, «weil in derart tollkühnen Abenteuern Charakterstärke und moralische Integrität mehr zählen als Muskelkräfte und technische Bravour». Ein anderer (ein Bergsteiger) glaubt es sich schuldig zu sein, die Besteigung zu schmälern, indem er von der Notwendigkeit spricht, das Unternehmen erst einmal richtig einzustufen. Auf Vorschlag des Innenministers verleiht mir der Präsident der Italienischen Republik für dieses «epische Unternehmen, das die ergriffene Bewunderung der ganzen Welt hervorgerufen hat und der Stolz des Vaterlandes ist», die Goldmedaille für Zivilverdienste. Mein Erfolg wird als «Symbol der Überlegenheit des menschlichen Geistes über die materiellen Kräfte» bewertet. Von diesem Augenblick an veröffentlichen die italienischen Tageszeitungen und Zeitschriften monatelang Leserbriefe an die Redaktion und die Antworten. Da kann man beispielsweise lesen: «Präsident Saragat hat gut daran getan, ihn (Bonatti) öffentlich auszuzeichnen, um die hohe moralische Bedeutung seiner Leistung zu unterstreichen.» Es ist Herr F.V., der so schreibt, aber Frau M.B. aus San Lorenzo della Costa ist anderer Meinung. Nachdem sie meine Besteigung als «unnütz, absurd, dünkelhaft und unbesonnen» abgetan hat, protestiert sie gegen die Auszeichnung mit diesen Worten: «Zivilverdienste, ach wo! Hat Bonatti das Matterhorn bestiegen, um einen gefährdeten Bergsteiger zu retten?» Ein Herr Ferr. antwortet ihr: «Ob Bonatti einer Auszeichnung würdig ist? Das scheint mir nun doch offensichtlich zu sein. Würde eine Sportmedaille genügen? Ich würde sagen: nein... Die Sportmedaille kommt nicht in Frage, weil sie einschränkt und sie heute überdies kompromittiert ist. Da es sich nicht um ein militärisches Verdienst handelt, ist es einleuchtend, daß es nur die Auszeichnung für Zivilverdienste sein kann. Dies ist nicht an die Rettung gefährdeter Menschenleben gebunden; es kann dafür auch eine verdienstvolle Tat an sich in Frage kommen, wie beispielsweise jene der Weltraumfahrer.» Nachdem er bemerkt hat, daß «auch Gedichte und selbst die Liebe, wenn sie nicht auf die Erhaltung der Art ausgerichtet ist, unnütz sind», fährt Herr Ferr. fort: «Ich bezweifle, daß die Liebe unnütz ist, und wäre dies bloß ihres geistigen Gehaltes und der Wertvorstellungen wegen, die sie erweckt. Man vergegenwärtige sich, daß in den Tagen, in denen Bonatti das Matterhorn bestieg, eine Frau sich selbst und ihre Kinder tötete, ein Vater seine Familie auslöschte, Leute ungedeckte Wechsel in Umlauf brachten, falsche Steuererklärungen einreichten, ein Prozeß wegen der Lebensmittelfälschungen geführt wurde, Leute stahlen und hurten. Im Gegensatz dazu wirft sich ein Mann in ein unnützes, tollkühnes, absurdes und — man darf fast sagen — poetisches Unternehmen. Er hat uns damit einen wahren Lichtblick gegeben.» Dann taucht wieder die fatale Frage auf, die Herr Rocco Mariani seinen Überlegungen voranstellt: «Was nützen solche Unternehmen?» Nach der Meinung des Herrn Gaetano Gattinara ist «für oder gegen Bonatti sein soviel wie für Licht oder Dunkel sein. Jedermann hat das Recht und die Pflicht, sich auf die eine oder die andere Seite zu stellen.» Weiter unten fügt er bei: «Sein Unternehmen ist alles andere als unnütz. Gerade diese ‹unnützen› Dinge machen das Leben schön und poetisch. Eine Blume —

in einer Wohnung — ist sie nützlich? Nein, aber ist sie deshalb weniger bezaubernd?» Der Höhlenforscher Pietro Zuccato ist ganz anderer Meinung. Er ist über die Verleihung einer Medaille für Zivilverdienste «verblüfft» und schreibt: «Wenn der Grund für diese Auszeichnung darin liegt, daß er den Namen und das Ansehen des Vaterlandes hochgehalten hat, dann müßte man mit der gleichen Berechtigung auch Olympiasieger auszeichnen, von den Inhabern der Meistertitel gar nicht zu sprechen. Was erhalten jene, die in der Stille und ohne Anerkennung zu erwarten, die Gefahr aus einem gewissen eigenen Interesse aufsuchen und vielleicht dadurch einen Beitrag an die Wissenschaft leisten? Das wäre eine gerechtere Anerkennung persönlicher Verdienste.» Die Antwort der Zeitung an den Höhlenforscher lautet. «Nicht wenige Leser haben die Ansicht vertreten — und das ist auch unsere Meinung —, daß die passendste Ehrung für den alpinen Einzelgänger die Goldmedaille für athletische Verdienste gewesen wäre.» Und schließt: «Es ist wahrscheinlich, daß die kompetenten Behörden in der ersten Begeisterung und vom Echo überrascht, das die ungewöhnliche Tat Bonattis im Ausland hervorgerufen hat, völlig vergaßen, daß es auch noch eine Medaille für athletische Verdienste gibt.» Es folgen unzählige Zuschriften für und wider mein Unternehmen und meine Medaille. Nur noch eine recht verblüffende sei aufgeführt. Der Schreiber meint: «Diese Ungehörigkeit muß rückgängig gemacht werden... Ist es gerecht und moralisch vertretbar, daß man die Goldmedaille für Zivilverdienste an Bonatti verleiht? Der sportliche Kletterer gebe daher die erhaltene Auszeichnung zurück.»

Der Leser wird sich fragen, weshalb ich diese Meinungen und Kritiken, die sich mit meinen Unternehmen befassen, hier wiedergebe. Ich spreche nicht gern darüber, aber hin und wieder muß ich meinem Herzen Luft machen. Ich will die «Randbemerkungen» meiner Geschichte erhellen, damit man mich besser verstehen kann. Alles was wir tun, ob gut oder schlecht, ist im Grunde genommen nie nur von unserm eigenen Wollen geschmiedet, sondern ebensosehr von äußern Faktoren beeinflußt. Personen und Tatsachen, Umstände und Beurteilungen sind häufig die Triebfedern für meine Unternehmen gewesen. So stehe ich also auch in der Schuld meiner Mitmenschen, wenigstens in dem Maß, in welchem meine Taten auch ihnen gehören.

Bonatti hat jetzt aufgehört, «Bergsteiger Bonatti» zu sein. Ich fahre jetzt nach Alaska. Es wird eine abenteuerliche Reise durch eine immense und noch unverfälschte Natur werden. Eine Natur, die in wesentlichen Aspekten den «Nordwänden» meiner Berge ebenbürtig ist. So will ich denn meine Ausführungen hier beschließen — mit den Erkenntnissen, die ich am Matterhorn gewonnen habe. Ich kann mir vorstellen, wie ihr, Gönner oder Gegner, über den Menschen, die Natur, das Wagnis, den Mut, den Stolz, die Vergleiche, die Seele, das Unendliche und über die Eroberung nachdenkt. Allzuoft werdet ihr mit dem gewohnten «Warum?» beginnen und mit der leeren Frage schließen: «War es wirklich der Mühe wert?» Auf physischer Ebene gleichen sich Individuen; es sind die psychologischen Unterschiede, die einen Menschen vom andern abheben und seinen einmaligen Wert ausmachen. Es sollte die Pflicht eines jeden sein, sich selbst und das, was er zu tun hat, zu erkennen. Aber wie viele sind fähig, die reine Wahrheit zu ergründen? Wie viele vermögen, ohne sich selbst zu betrügen, die Verantwortung für eine Entscheidung auf sich zu nehmen?

Nein, ich bin kein Phantasiegebilde, das ich selber aufgebaut habe; ich existiere, wie ich bin, in dieser Welt, die uns allen gehört. Ich wollte mit meiner Lebensweise nie jemanden «provozieren», wie ich es häufig hören mußte. Wenn jemand meine Lebensauffassung als Beschimpfung der heutigen Gleichschaltung bezeichnet, dann könnte doch meine Haltung gerade diesem Jemand sehr nützlich sein.

Einen besondern Abschied will ich den Bergsteigern widmen, jenen, die sich dem Wettbewerb verschrieben haben und sich berufen fühlen, den Alpinismus «voranzubringen».

Es ist klar, daß der Alpinismus nicht nur allein in den extremen Aspekten der Überbietung und Bewährung betrachtet werden darf, die zwar da und wichtig sind. Wer aber die Grenzen des Menschenmöglichen (ich spreche natürlich vom klassischen Bergsteigen) noch höher zu stecken gedenkt, darf sich nicht damit begnügen, die bis heute verwirklichten Unternehmen nachzuahmen. Die reine Wiederholung — eine an sich lobenswerte Sache — bedeutet jedoch nie eine Weiterentwicklung. Unter den Alpinisten hält sich der eine oder der andere für meinen Nachfolger oder läßt sich wenigstens von andern dafür halten. Ich werde stolz auf ihn sein und mich geehrt fühlen, wenn er meine Fackel, die ich auf dem Matterhorn aus der Hand gegeben habe, neu entzündet und auch meinen Weg aufnehmen wird. So wird er weder sich selbst noch mich noch die glorreiche Vergangenheit des Alpinismus verraten.

Die Grenzen, die ich, der Tradition treu bleibend, erreicht habe, sind in diesem Buch beschrieben. Um sie zu erweitern, müßte auch ich (vielleicht glänze ich nicht durch Bescheidenheit, aber die Sache verlangt Klarheit) neue Dimensionen wählen, die höchsten Erhebungen unserer Erde. Man müßte nun im Himalaja Besteigungen durchführen, wie ich sie in den Alpen, unterhalb achttausend Meter, verwirklicht habe. Ich würde den Koloß ohne Sauerstoffgeräte und ohne vorbereitete Lager begehen und nur in selbsterrichteten Biwaks nächtigen. Als nächstes müßte ich dann einen Alleingang wagen, und schließlich müßte ich Alleingang und Winterbegehung zusammen auf den schwierigsten, noch jungfräulichen Routen verwirklichen. Es ist selbstverständlich eine kühne Vorschau, denn der Mensch wird wahrscheinlich nie so stark sein, diese Grenzen zu erreichen. Man vergegenwärtige sich, wieviel «Rohmaterial» die Berge noch liefern könnten, um das traditionelle Bergsteigen lebendig und unversehrt zu erhalten und um es weiterzuentwickeln. Selbst dem anspruchsvollsten Bergsteiger, der sich einzig seiner menschlichen Mittel bedienen will, bieten sich Gelegenheiten, die ihn zufriedenstellen. Auch das nächstgelegene Ziel sieht oft beängstigend und unerreichbar aus, solange es noch vor uns liegt. Man glaube ja nicht, daß zum Beispiel die Ostwand des Grand Capucin, das ungeschützte Biwak im Sturm in über achttausend Meter Höhe am K2 und der Alleingang auf den Dru-Pfeiler überhaupt «möglich» erschienen, bevor ich diese Probleme anging. Es ist nicht zu leugnen, daß der großartige, erregende Reiz des Unmöglichen, des Unerforschten, des Abenteuers auch den Bergsteiger immer einen Sinn in der Sache erkennen ließ. Es ist ebenso klar, daß das Unmögliche von heute schon morgen überholt sein wird. Was für den einen unübersteigbar ist, muß dies nicht unbedingt für den andern sein, der vielleicht begabter und besser vorbereitet ist. Man vergesse aber nie, daß das Unerreichbare, wenn es seine Faszination behalten soll, bezwungen sein muß und nicht niedergerissen werden darf. Und man vergesse auch nicht, daß die großen Berge den Wert haben, den der Mensch ihnen zumißt — sonst bleiben sie nur ein Haufen Steine.

Die direkte Route über die Nordwand des Matterhorns, die Bonatti im Alleingang bewältigt hat.

Oggioni (im Vordergrund) und Mazeaud am Fuß des letzten Überhangs des Zentralpfeilers.
In der Aufhellung vom 12. Juli werden die vom Frost verkrusteten Seile und Steigleitern sichtbar, die am
Vortag angebracht worden waren. Sie werden in der Wand zurückgelassen. ▷

------- Der tragische Versuch am Zentralpfeiler.

——————— Die direkte Route Bonatti-Zappelli über die Südwand des Montblanc (22. September 1961).

◁ Der höchste Punkt, der auf dem Zentralpfeiler von der Seilschaft Bonatti-Mazeaud erreicht wurde. Der kleine Kreis deutet die Biwaks auf der «Chandelle» im Schneesturm an. Nur 80 Meter jungfräuliche Wand trennen vom Ende der Schwierigkeiten.

Mittag des 11. Juli: der heftige Schneesturm setzt ein.

Die Route Bonatti-Mazeaud über die Ostwand der Petites Jorasses (10./11. Juli 1963).

6. Juni 1961: Oggioni folgt Bonatti auf einem luftigen Schneegrat während der Bezwingung des Nevado Rondoy Nord (Peru), 5830 m.

Begehung der Ostwand des Pilier d'Angle.

Pilier d'Angle: die drei Routen Bonattis.
• • • • • • Nordostsporn (1.—3. August 1957).
———— Nordwand (22. Juni 1962).
------- Ostwand (11./12. Oktober 1963).

Das «Dach Europas» (4810 m) vom Val Ferret aus.

Bonattis Kletterstil.

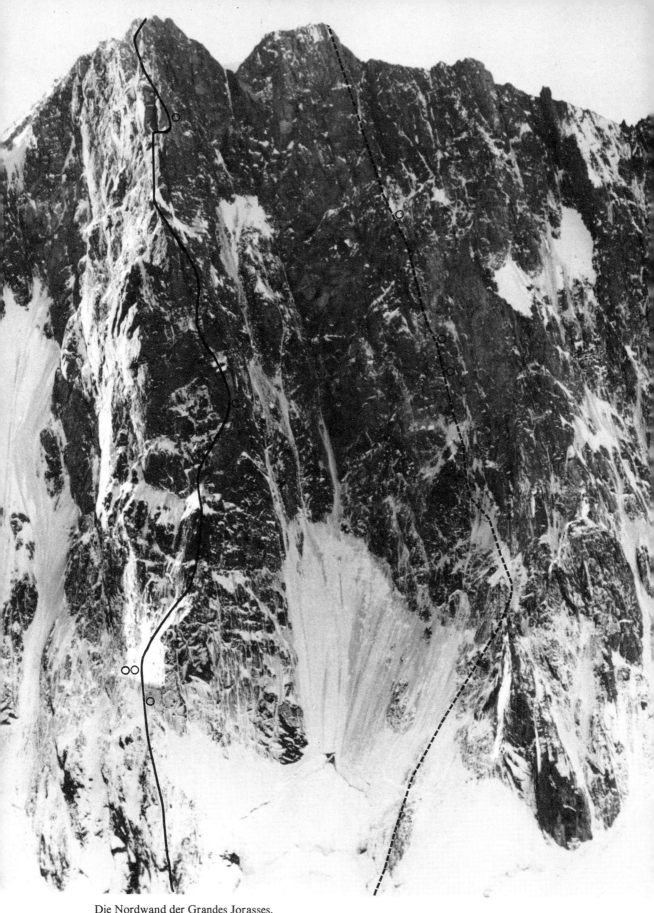

Die Nordwand der Grandes Jorasses.

────── Walkersporn (Winterbegehung Bonatti-Zappelli, 25.–30. Januar 1963).

- - - - - - Whympersporn (Route Bonatti-Vaucher, 6.–9. August 1964).

○   Biwaks.

Bonatti beim Training vor der Winterbegehung der Nordwand der Grandes Jorasses.

Im Schneesturm, an Überhängen und auf unberührten Schneehängen bereitet sich Bonatti auf die Winterbegehung der Grandes Jorasses vor.

Im Schneetreiben auf dem Weg zur Nordwand der Grandes Jorasses.
Zappelli sichert Bonatti auf einer Querung beim «Allain-Riß». ▷

Die Seilschaft Bonatti-Zappelli am ersten Tag in der Nordwand der Jorasses.
Auf den verschneiten Platten des Walkersporns. ▷

Der obere Teil des Whympersporns, von Bonatti und Vaucher 1964 bezwungen.

28. Juli 1963, acht Uhr: Bonatti begeht den Hinterstoißer-Quergang in der Eiger-Nordwand.

Die bedrohliche Südwand des Montblanc.

Drei «Bonatti-Routen»:
- - - - - - Ost Grand Capucin (20.—23. Juli 1951).
────── West Trident (18. September 1963).
· · · · · · Nord Trident (30. Juli 1964).

Bonatti begeht die jungfräuliche Nordkante des Trident de Tacul.

Bonatti in Aktion auf der unberührten Westwand des Trident de Tacul.

Bonatti während der Begehung der jungfräulichen Nordostkante der Innominata (3732 m).

Eine Eiswüste am Montblanc.

In den Seraks des Montblanc.

Die Seilschaft Bonatti-Tassotti-Panei während des ersten Versuchs an der Nordwand des Matterhorns.

Bonatti bereitet sich auf den Alleingang durch die Nordwand des Matterhorns vor.

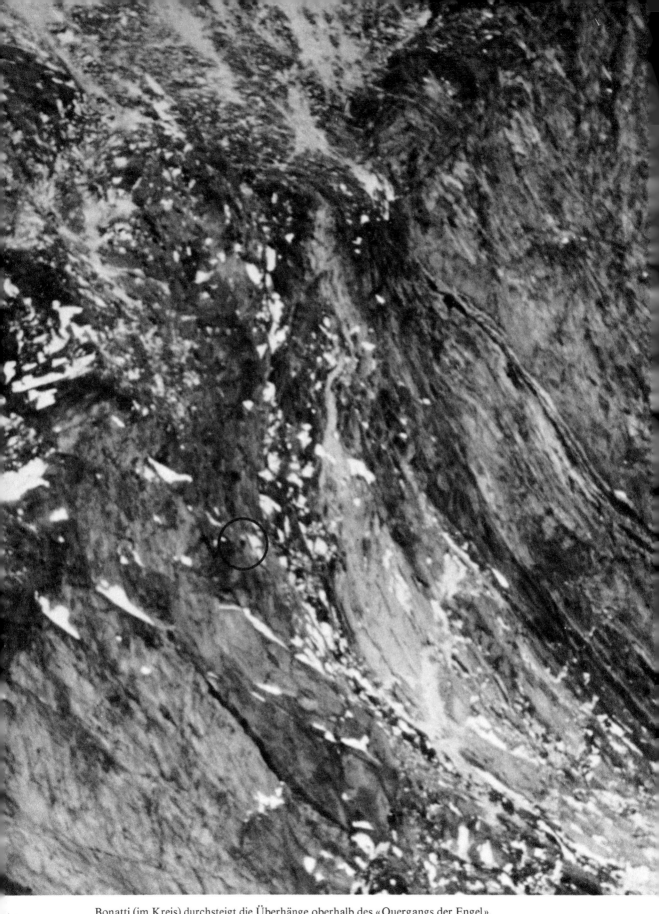

Bonatti (im Kreis) durchsteigt die Überhänge oberhalb des «Quergangs der Engel».
Am dritten Tag beschreibt Bonatti die Matterhorn-Nordwand als «das eisverkrustete Innere einer
riesigen Muschel». ▷

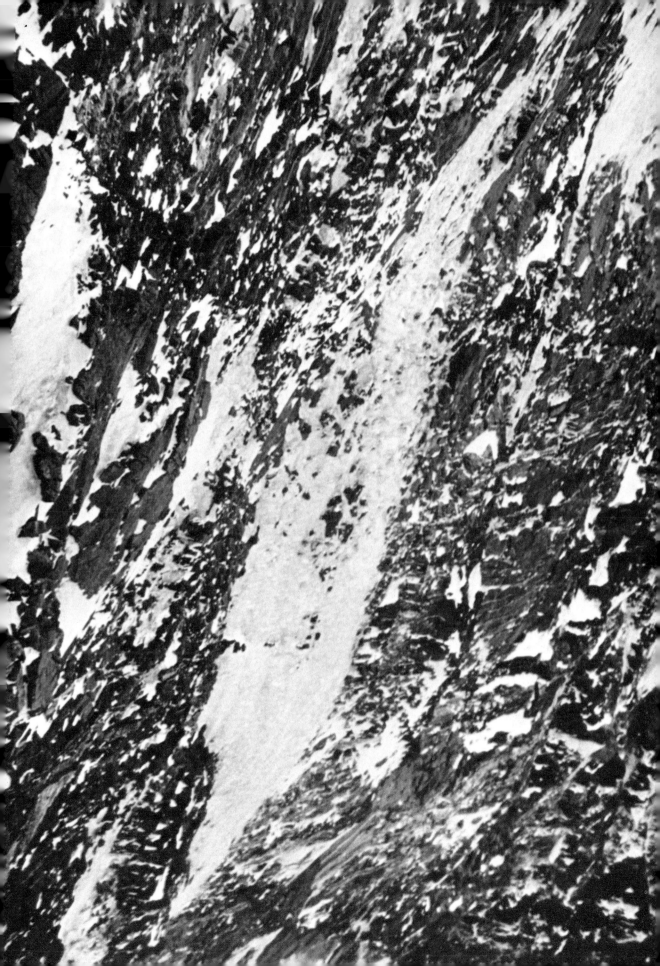

Cesare Maestri

Kletterschule

Technik des Kletterns in Fels und Eis. Mit 100 Photos auf Kunstdrucktafeln. Leinen.

In der alpinistischen Welt ist Maestri ein Begriff. Kein besserer Lehrer der Klettertechnik als er: unbestrittenes Haupt der Führer in den Dolomiten, international geehrt für seine alpinistische Leistung, einer der Besten des 6. Grades! Was er über alle Probleme des Kletterns sagt — von der Ausrüstung bis zur genauesten Anweisung über den Gebrauch der Hilfsmittel —, ist durch 100 eigens für das Buch aufgenommene Photos bis in jede Einzelheit sichtbar gemacht. — Urteile aus der Fachpresse: «Klar geschrieben, ausgezeichnet illustriert.» — «Die Bibel des Kletterers, ob Anfänger oder Fortgeschrittener.» — «Unentbehrlich, das große Geschenk Maestris an jeden Bergsteiger.»

Colin Fraser

Lawinen – Geißel der Alpen

Mit einem Vorwort von André Roch, 14 Zeichnungen im Text und 40 Photos auf Kunstdrucktafeln. Leinen.

Skifahrer und Alpinisten müssen über Lawinen Bescheid wissen: Jeder Winter beweist es! Am Beispiel der weltberühmten Institution des Eidgenössischen Instituts für Schnee- und Lawinenforschung Weißfluhjoch-Davos und des Parsenndienstes werden die Schutzmaßnahmen zur Verhütung von Unglücken, die Arbeit der Retter und die Forschungen der Wissenschaft klar und für jeden verständlich dargestellt. Als eindrücklicher Hintergrund dazu dokumentarische Berichte über historische Lawinen-Katastrophen.

Albert Müller Verlag · Rüschlikon-Zürich · Stuttgart · Wien

Andrea Oggioni

Die Hände am Fels

Mein alpinistisches Tagebuch. Mit 27 teils doppelseitigen Photos auf Kunstdrucktafeln. Leinen.

Andrea Oggioni, der vielfache Sieger über die Wände des 6. Grades in den Dolomiten, am Montblanc und im ganzen Alpengebiet, der Bezwinger der Sechstausender in den peruanischen Anden, war als Bergsteiger ein Naturtalent. Er war es auch als Erzähler: sein Tagebuch ist ein Dokument des modernen Alpinismus, eines vorbildlichen Bergsteigerlebens. Mit 30 Jahren, am 16. Juli 1961, fand er unter dem Frêney-Pfeiler im eisigen Schneesturm den Tod. In bewegenden Beiträgen, die dem Tagebuch beigefügt sind, setzen die drei überlebenden Kameraden des Todesmarschs — Gallieni, Mazeaud, Bonatti — sowie Bruno Ferrario, Leiter der Andenexpedition, dem neidlos bewunderten Freund das verdiente Denkmal.

Max Liotier

Kamerad am Seil

Mit 21 teils doppelseitigen Photos auf Kunstdrucktafeln von Félix Germain. Leinen.

«Das Meije-Massiv ist der Schauplatz der hochalpinen Tour, die wir im Buch miterleben, als wäre man dabei gewesen. Führer und Tourist machen sich lange vor Sonnenaufgang auf, genießen nach stundenlanger Anstrengung kurze Gipfelrast, es folgt der staubig müde Abstieg. Was sich aber alles dazwischen abspielt in Gedanken und als Realität, das muß man gelesen haben. Und die großartigen Aufnahmen sprechen ihre eigene Sprache. Ein prächtiges, unkonventionelles Bergbuch, eine Freude auch für jeden Bergwanderer und Naturfreund!» (Unsere Berge, Zürich)

Albert Müller Verlag · Rüschlikon-Zürich · Stuttgart · Wien